건강한 교회를 만드는

새가족반

건강한 교회를 만드는 새가족반

편저 | 정진우
초판 1쇄 펴낸 날 | 2003년 6월 21일
초판 5쇄 펴낸 날 | 2008년 1월 24일
등록번호 | 제129-81-80357호
등록일자 | 2005년 1월 12일
등록처 | 경기도 고양시 일산구 장항동 578-16 나동
발행처 | 도서출판 NCD

값 6,000원
ISBN 978-89-89028-99-4

■ 잘못되거나 파손된 책은 구입하신 서점에서 교환해 드립니다.

도서출판 NCD
주소 / 서울시 강남구 대치동 944-20 동우리빌딩 2층
주문 / 영업부(일산) | (031)905-0434 팩스 (031) 905-7092
본사 / 편집부(강남) | (02) 538-0409 팩스 (02) 561-7076
한국 NCD / 지원 · 코칭 | (02) 565-7767 팩스 (02) 566-7754
홈페이지 | www.NCDKorea.com

크리스천코칭센터
문의 | (02) 566-7752 팩스 (02) 566-7754
홈페이지 | www.christiancoaching.co.kr
　　　info@ncdkorea.com

건강한 교회로 성장시키는 도서출판 NCD

도서출판 NCD는 '자연적으로 성장하는 더 좋고 많은 교회 번식 운동'을 펼치고 있는 한국NCD와 크리스천코칭센터 및 이와 관련된 기관들의 사역을 문서로 지원하는 출판사입니다.

한국 NCD는 현재 전 세계 6대주 66개국 10,000교회 4,200만 자료로 검증된 설문 조사 자료를 토대로 하여 한국에서 8가지 질적 특성을 중심으로 교회의 건강을 진단할 뿐만 아니라 더 많은 교회들이 건강하게 세워질 수 있도록 지속적으로 자료 및 도구 제공, 훈련, 세미나, 컨설팅, 코칭 사역, 세계 선교, 지역 및 정보 네트워크를 위해 사역하고 있는 국제적인 전문 사역 기관입니다.

※ 보다 자세한 사항은 홈페이지를 참고하세요.

건강한 교회를 만드는

새가족반

정진우 저

NCD
도서출판

CONTENS

저자의 글

이 책은 새가족반 운영 전반에 관한 책이다. 그러나 기존의 우리가 알고 경험하던 것과는 전혀 다른 새로운 차원의 새가족반에 관한 것이다. 이 새가족반은 우리의 신앙, 가르침, 전도, 리더 양성, 소그룹 번식 등 폭넓은 범위를 포함하고 있다.

새가족반은 새신자의 평생의 신앙의 자세와 목적을 결정하는 데 지대한 영향을 미친다. 그렇기 때문에 교회의 지도자들은 새가족반의 운영에 최대한의 관심과 에너지를 쏟을 필요가 있다. 교회는 신앙이 오래 되어 타성에 젖고 움직이지 않는 기존 성도에게 대부분의 열정과 시간과 자원을 집중할 것이 아니다. 오히려 잘 마른 장작과도 같이 불을 붙이면 금방 강하게 타오르며 열기를 내고 무엇이라도 태울 수 있는 새신자에게 집중해야 한다. 그것이 바로 이 책에서 말하는 새가족반의 패러다임 전환이다.

교회의 지도자는 새신자가 전도하고 리더가 되며, 하나님 나라 가치로 세상을 바꾸는 군사가 되도록 그들을 이끄는 데 인생을 걸어야 할 것이다. 그러면 교회는 성장하고 하나님의 대위임 명령은 자연스럽게 이루어질 것이다.

세계의 교회가 새로운 도약을 위해 기존 교회의 틀과 사고에서 벗어나 패러다임을 새롭게 전환하고자 몸부림 치고 있다. 그런 과정에서 NCD와 셀교회가 오랜 연구와 현장 적용, 검증을 거쳐 새시대의 교회가 가야 할 대안을 제시하였다. 이 NCD 새가족반은 이 시대 교회가 직면해 있는 피할 수 없는 큰 도전 앞에서 교회의 생명력을 보존할 뿐만 아니라 더 왕성하게 번식시키기 위해서 반드시 선택해야 할 과정 중 하나라고 할 수 있다. 강력한 새신자 훈련과 불신자 전도를 위해 만들어진 이 새가족반 시스템은 이 시대의 우리에게 주어진 사명을 보다 빨리, 효율적으로 이루도록 도와줄 것이다.

정진우

들어가는 글

눈 하나 달린 원숭이들과 눈 두 개 달린 원숭이

눈이 하나밖에 없는 원숭이들이 모여 사는 마을이 있었다. 어느 날 이 마을에 눈이 두 개 달린 원숭이가 나타났다. 눈이 두 개 달린 원숭이는 이 마을의 원숭이들과 함께 어울리고 싶어서 그들에게 다가갔다. 그러나 이 마을의 원숭이들은 다른 곳에서 온 이 원숭이를 상대해 주지 않았다. "너는 우리와 다른 모습을 하고 있잖아!" 이 원숭이는 다른 원숭이들처럼 눈이 하나가 아니라 두 개가 있다는 이유로 따돌림을 당했다. '나도 저들과 같이 놀았으면……', '나도 저들과 같이 어울리고 싶은데……', '저들은 왜 나를 받아 주지 않을까?' 너무나도 외로웠던 눈 두 개 달린 원숭이는 용기를 내어 한 번 더 마을 원숭이들에게 찾아갔다. "나도 너희들과 같이 놀고 싶어!" 그렇지만, 이 원숭이는 또 다시 거부를 당했고 마음에 큰 상처를 입었다. 그래서 눈이 두 개 달린 원숭이는 고민을 하다가 눈물을 머금고 어려운 결정을 내렸다. 나뭇가지를 뽑아 자기 눈에다 집어 넣고 한쪽 눈을 뺀 것이다. 그리고 그제서야 그 원숭이는 다른 원숭이들에 의해 받아들여졌다.

이 이야기에서 눈 두 개 달린 원숭이는 다른 불신자와 많은 친구 관계를 맺고 있는 새신자를 말하고, 눈이 하나뿐인 원숭이는 믿는 신자들과만 시간을 보내는 기존의 신자들을 말한다. 이 이야기는 기존의 새신자반이 갖고 있는 문제점이 무엇인지를 단적으로 보여 주는 예화라고 할 수 있다.

많은 불신자들은 일단 그리스도인이 되면 불신자와의 관계를 끊는 것이 거룩한 삶을 살아가기 위한 첫 걸음인 것처럼 배워 왔다. 마치 한 쪽 눈을 포기해야 했던 원숭이처럼, 나와 연관되어 있는 세상과의 관계를 버려야 한다고 배워 온 것이다. 이것은 언뜻 듣기에는 맞는 말 같으나 전도라는 측면에서 생각해 볼 때는 앞뒤가 전혀 맞지 않는 말이다. 왜냐하면 오늘날 교회가 성도들에게 전도하라고 이야기하면서도, 정작 전도의 대상인 불신자들과는 관계를 끊으라고 가르치기 때문이다. 도대체 새신자들이 불신 친구들과 관계를 단절하고 어떻게 그들을 전도할 수 있겠는가? 예수님은 우리에게 거룩한 사람들끼리만 모이라고 말씀하지 않으셨다. 오히려 우리를 타락한 세상에 두신다고 말씀하셨을 뿐만 아니라 그 세상 속에서 빛과 소금의 역할을 감당하라고 말씀하셨다.

이 책은 교회의 새가족반을 운영하는 목회자 및 리더들 또는 성도들이 기존에 가지고 있던 고정관념을 단번에 깨는 내용들로 가득하다. 이 책을 보는 동안 당신은 새로운 관점에서 불신자 또는 새신자를 보는 눈을 가지게 될 것이고, 또한 강력하게 작동되는 그들을 위한 전략과 방법들을 습득하게 될 것이다. 자, 우리의 힘과 과거의 고정관념을 옆으로 밀어놓고 마음을 비우고 겸손하게 하나님의 음성을 들으며 이 새로운 여정을 떠나보자.

눈높이 교육

앞의 예화에 나오는 눈이 두 개 달린 원숭이가 느꼈던 갈등은 무엇인가? 다시 말해 교회에 새신자가 들어왔을 때 그들이 느끼는 갈등은 무엇인가? 여러 가지가 있을 것이다. 그들은 술, 담배를 끊어야 하고 쉬고 싶은 주일 아침의 시간을 뺏겨야 한다. 또한 낯선 환경에 적응해야 하며 그곳에서 봉사를 해야 한다. 어떤 경우에는 헌금이라는 명목으로 월급의 일부를 내야 하고, '나는 다른 사람들처럼 거룩하지 않다' 라는 생각에 부끄러워하며 괴로워하기도 한다. 더구나 알리고 싶지 않은 자기의 과거와 내면을 보여 주어야 할 때도 있다. 이처럼 새신자들이 교회에 처음 나와 접하게 되는 두려움들은 의외로 많은데, 중요한 것은 이런 갈등들과 어려움들이 새가족반 안에서 100% 해결되어야 한다는 것이다. 만약 이러한 문제가 새가족반 안에서 100% 해결되지 않는다면 그 새가족반은 실패한 것으로 인정해야 한다. NCD의 새가족반은 새신자가 이런 두려움을 빠른 시간 내에 극복하고, 죄에서 해방되며, 하나님의 사랑을 경험하고 그 경험을 바탕으로 구체적인 전도가 이루어지도록 하는 것이다.

그렇다면 기존의 새가족반에서는 왜 구체적인 전도가 이루어지지 못했는가? 그 이유에 대해서 전 세계 전도소그룹의 멤버들은 '눈이 하나뿐인 원숭이들이 눈 두 개 달린 원숭이를 용납하지 않왔던 것'과 같은 현상에서 그 원인을 찾을 수 있다고 말한다. 다시 말하면, 그동안 교회는 새신자들이 들어오면 그들로 하여금 의식적으로든 무의식적으로든 철저하게 불신자와의 관계를 끊도록 만들었고, 세상과 격리된 생활을 하는 것이 좋은 신앙인인 것처럼 인식시켜 왔다. 그것이 바로 기존의 새가족반 내에서 구체적인 전도가 이루어지지 못하고 있는 대표적인 이유라는 것이다.

세계 NCD의 통계에 따르면 불신자들이 예수님을 영접하고 교회에 나오는 데 가장 큰 영향력을 끼친 것은 그들의 친구 혹은 친척(75~90%)이라고 한다. 이것은 다시 말하면 대부분의 전도가 관계를 통해서 이루어진다는 것을 의미한다. 즉, 관계를 통한 전도가 가장 자연스럽고 효과적인 전도 방법이라는 말이다. 따라서 교회는 새신자들이 불신자와의 관계를 계속 유지하도록 함으로써 그들이 복음을 전할 수 있는 계기를 잃어버리지 않도록 도와야 한다. NCD 새가족반은 첫 주부터 새신자들이 불신자와 만나게 함으로써 그들과의 관계를 계속 유지할 수 있도록 돕는다. 그리고 그 관계를 유지하기 위한 구체적인 계획을 세우고 또 실행한 것을 리더가 점검하며, 불신자를 예수님께로 초대하기까지 리더가 함께 도우며 책임을 진다. 그리하여 새신자들로 하여금 '신앙 생활이란 이렇게 하는 것이구나! 불신자와 관계를 맺고 그들을 초대하고 전도하는 것이 바로 신앙 생활이구나' 라는 인식을 처음부터 갖게 한다. 따라서 교회는 새신자들이 이와 같은 일들을 그들이 직접 경험하고 체험함으로써 계속해서 전도가 이루어질 수 있도록 시스템화해 주어야 한다.

그 외에도 우리는 기존의 새가족반에서 전도가 이루어지기 힘든 또 다른 이유들을 찾을 수 있는데 그 주된 3가지 원인은 다음과 같다.

- 새신자에게 아직 분명한 구원의 확신이 없다.
  이것이 그들이 전도하지 못하는 이유가 될 수 있다.
- 새신자는 신앙 생활에 대해 배운 것이 없기 때문에 무슨 말을 전해야 할지 잘 모르고 있다고 생각한다. 새신자들뿐 아니라 기존 신자들도 예수님을 처음 믿으면 일단은 성경을 배우고 양육 받은 다음에라야 전도할 수 있다고 생각하는 것이 사실이다.
- 기존 신자들에게서 전도를 비롯한 신앙 생활 전반적인 것에 대한 완벽한 모델을 발견하지 못한다는 것 또한 새가족

반 내에서 구체적인 전도가 이루어지지 못하는 또 다른 원인이라고 할 수 있다.

전도는 결코 거룩한 사람들만 하는 것이 아니다. 우리는 성경에 대한 지식이 많다고 해서, 교회를 오래 다녔다고 해서 전도를 잘 할 수 있는 것이 아니라는 것을 이미 알고 있다. 실제로 교회 내에서 전도를 가장 많이 하는 사람들은 새신자들이다. 오히려 신앙생활을 오래 한 사람일수록 전도하는 일을 힘들어 한다. 따라서 새신자에게 따로 전도를 연습시켜야 한다는 생각은 잘못된 생각이다. 처음부터 그들의 전도에 대한 큰 잠재력을 인정하고, 소그룹 리더들은 그들이 좋은 전도자가 되도록 책임을 갖고 도와 주어야 한다. NCD 새가족반에서 가장 중점을 두는 부분이 바로 이것이다. 이것은 예수님께서 열두 제자를 부르신 다음에 바로 둘씩 짝지어 전도를 보낸 것과 같은 원리이다.

새신자들 스스로가 깨닫고 경험하게 하는 것, 그리고 불신자와의 관계가 끊어지지 않은 상태에서 그들을 리더로 세워 나가도록 하는 것, 이것이 바로 NCD 새가족반이 추구하는 핵심 원리이다. 그렇다면 새신자들이 전도할 수 있도록 돕는 일에 가장 적합

한 자는 누구인가? 그들은 바로 이제 막 새가족반을 졸업한 새신
자들이다. 새신자는 새신자가 가르치는 것이 가장 효과적이다.
새신자에게 가장 큰 영향력을 주는 사람은 바로 같은 새신자라는
것이다. 이것은 아이들에게 수학을 가르칠 때, 배운 지 십 년이 지
난 사람보다는 몇 개월 전에 배운 사람이 훨씬 더 잘 가르치는 것
과 같은 경우이다. 따라서 새가족반을 이끌 리더를 세울 때는 절
대 기존 신자 중에서 고르면 안 된다. 예수를 믿은 지 얼마 안 되는
새신자를 추수할 일꾼으로 세워 가는 것이 그들이 스스로 번식하
고 자급자족하는 가장 확실한 방법이다. 이것은 전도소그룹의 가
장 중요한 원리 중 하나인 '그룹이 스스로 깨닫고 번식하는 것을
경험하는 것'에 근거한 것으로서, 경험된 리더가 다른 사람을 경
험시킬 수 있고, 경험된 교회가 또 다른 교회를 가르칠 수 있는 것
과 마찬가지이다.

NCD 새가족반은 이 '경험시키는 것'을 바탕으로 가르치고
배우도록 한다. 서로의 경험을 함께 이야기할 때 그 경험이 곧 나
의 경험이 되며, 그것은 또 나의 사고가 되기 때문이다. 이미 오랜
경험으로 굳어진 어른들의 가치관과 의식은, 오직 새로운 경험을
통해서만 바뀔 수 있다.

1:2 원칙을 지켜라

앞에서 언급한 원리들을 효과적으로 실천하기 위해서 새가족반은 기존 신자 1명과 새신자 2명으로 이루어져야 한다. 여기서 말하는 기존 신자는 새가족반을 막 졸업한 리더를 말한다. 다시 말하면 2명 내지는 3명으로 한 조를 이루되 새가족반을 졸업한 사람이 리더를 맡고, 다른 새신자 2명이 그 리더의 멤버가 되는 것이다. 새가족반의 멤버가 4명 이상이 되는 것은 바람직하지 않다. 4명 이상이 되면 서로 간에 비밀을 지키지 못하거나 마음속의 깊은 이야기를 나누지 못하기 때문이다. 그러므로 1:2의 원칙을 철저히 지켜야 한다. 즉 리더 1명에 새신자를 2명 이상 받지 말라는 것이다. 예를 들어 만일 준비된 리더가 6명이라면 새신자를 12명까지만 받을 수 있다는 말이다. 이렇게 하는 이유는, 리더가 소수의 사람에게 에너지를 집중하고, 철저하게 자신의 경험을 전수할 수 있는 환경을 만들기 위해서다.

새가족반은 또한 다른 그룹과 함께 모이는 시간을 가져야 한다. 가장 기본 단위인 3명으로 이루어진 1개의 조와 또 다른 조 1개를 하나의 그룹으로 묶는다. 즉 이 그룹에는 2명의 리더와 새신자 4명이 있게 되는 것이다. 이처럼 조 2개를 하나로 묶는 이유는 두 개의 조가 상호 책임을 지도록 하기 위함이다.

상호 책임 그룹

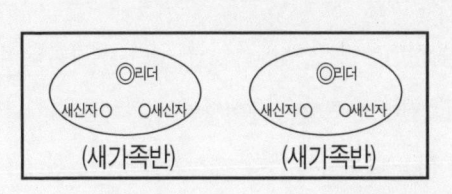

가장 작은 단위인 3명의 모임에서는 비밀을 지킬 필요가 있는 마음속 깊은 이야기를 나누고, 상호 책임 그룹 – 다른 조와 함께 모이는 6명의 그룹 – 에서는 하나님께서 베풀어 주신 은혜를 서로 나누게 된다. 이 6명의 그룹에서는 서로 은혜를 나눔과 동시에 서로의 신앙 생활을 상호 점검해 주는 것이 중요하다. 리더는 자신이 양육하는 새신자가 자신이 경험한 것과 동일한 것들을 경험하고 있는지 매번 확인하며 이 상호 책임 소그룹 안에서 성장하고 있는지 점검해야 한다.

준비된 리더에게 2명 이하의 새신자만 맡기는 것은 언뜻 보면 비효율적인 것처럼 보이고, 성장의 속도 역시 느리고 더딘 것처럼 보일 수 있다. 그러나 이 방법이 가장 빠르고 확실하게 소그룹이 번식할 수 있는 방법이다. 여기서는 소수의 사람이 모이기 때문에 서로의 마음을 열 수 있는 깊은 만남이 이루어진다. 따라서 이러한 소그룹 안에서 새신자는 빠른 시간에 성장할 수 있고, 질적으로 더 좋은 리더들이 많이 배출될 수 있다. 새가족반 리더들은 일주일에 최소한 1번 이상은 새신자들과 전화를 하거나 방문을 해서 서로의 삶을 나누어야 한다. 새신자들은 신실한 리더와의 친밀한 만남을 통해 지금까지 자신이 가졌던 의문과 불안, 두려움들을 빠른 시간 내에 해결할 수 있게 된다. 이러한 것들이 바로 1명의 리더가 단지 2명의 새신자만을 책임지는 NCD 새가족반의 장점들이다. 하나님께서는 새신자를 책임질 준비가 되어 있는 교회에게 새신자를 보내신다.

반드시 경험되어야 할 것들

1:2의 원리 외에 새가족반에서 반드시 지켜져야 할 원리가 더 있다. 첫째로, 그것은 새신자 양육이 철저하게 소그룹 안에서 경험을 바탕으로 이루어져야 한다는 것이다. 그러기 위해서는 우선

리더를 세울 때 반드시 경험된 리더를 세워야 한다. 경험을 하고 믿는 것과 그냥 믿는 것은 분명히 다르다. 경험해 본 자만이 다른 사람을 경험시킬 수 있다. 그렇다면 무엇을 경험해야

새가족반에서 반드시 경험되어져야 할 것들
Tip
• 구원의 감격
• 공동체 안에서그리스도의 사랑을 체험
• 기도의 응답
• 성령체험
• 불신자 전도

하며 어떤 경험이 새가족반 안에서 이루어져야 하는가?

그것은 다름 아닌 구원의 감격이다. 공동체 안에서 서로 사랑을 나누고 경험하게 될 때 이 구원의 감격은 더욱 커지는 것이다. 둘째로, 공동체 안에서 작은 관심이라도 함께 의논하고 서로 힘든 일이 있을 때 도와줌으로써 지체를 통해 그리스도의 사랑을 깨닫고 체험할 수 있어야 한다. 셋째로, 기도 응답의 체험 역시 반드시 경험되어져야 할 중요한 요소 중 하나이다. 넷째로, 공동체 안에서의 성령 체험이 있어야 하며, 다섯째, 불신자와 계속적으로 관계를 맺어 나가고 그들을 인도하는 경험 역시 빼놓을 수 없는 중요한 요소이다.

그렇다면 기존의 새가족반 양육 내용과 NCD 새가족반 양육 내용은 구체적으로 어떻게 다른지 살펴보자. 우리는 기존의 새가족반 양육을 통하여 구원에 대해서, 기도 응답에 대해서, 성령에 대해서 그리고 사랑에 대해서 배워 왔다. 그러나 이것들을 새신자들이 실제로 경험하도록 하지는 않았다. 지식적으로는 동의를 얻고 감동을 주긴 했지만 실제로 경험을 하도록 이끌어 주지 못했던 것이다. 새가족반에서는 이런 것들이 이론 교육으로 끝나지 않고 실제로 체험되고 경험되어져야 한다. 즉 새신자는 신앙 생활을 시작할 때부터 그리스도의 사랑을 아는 것으로 그치지 않고 그 사랑을 직접 체험해야 한다. 그리고 새신자 자신이 새가족반에서 경험한 구원의 감격을 일주일 안으로 또 다른 불신자에게 전해야 한다. 그 감격이 사라지기 전에 다른 사람에게 전하는 것은 새신자의 믿음을 굳건하게 만들고, 전도를 가능하게 할 것이다. 이를 위해 새가족반에서는 이론적인 가르침이 아니라 생생한 체험과 간증이 있어야 한다.

새가족반의 또 다른 모습은 스스로 번식하고 자급자족하는 (외부의 도움을 받지 않고 소그룹 내에서 리더 양육과 전도가 이

기존의 새가족반 VS NCD 새가족반

기존의 새가족반	NCD 새가족반
새신자들로 하여금 불신자들과 관계를 끊는 것이 거룩한 신앙이라고 가르쳐 왔다. 이로 인해 전도할 기회를 잃는 결과를 초래하게 되었다.	첫 주부터 새신자들이 불신자에게 찾아가 구원의 감격을 나누도록 한다. 이로 인해 불신자 친구들을 전도하기 쉽다.
새신자들이 처음 교회에 왔을 때 느끼는 어려움을 실제적으로 해결해 주지 못한다.	가장 최근에 같은 경험을 했던 사람이 리더로 세워지기 때문에 새신자가 쉽게 문제를 내어놓고 해결 받을 수 있다.
한 사람의 리더가 다수의 새신자를 가르친다.	한 사람의 리더가 소수의 새신자에게 자신의 경험을 복제한다.
신앙 생활을 오래 한 사람이 리더를 맡고, 자체 내에서 리더 양육이 이루어지지 않는다.	최근에 새가족반을 졸업한 사람이 리더를 맡고, 자체 내에서 리더 양육이 이루어진다.
경험이 아닌 이론과 지식을 바탕으로 가르친다.	리더가 자신이 경험한 것과 똑같은 체험을 하도록 실제로 경험시킨다.
새신자를 인도할 리더 양성보다는 새신자 공부에 치중되어 있기 때문에 새신자 정착율이 낮다.	새신자를 인도할 리더 양성에 중점을 두기에 장기적으로 많은 불신자를 정착시킬 수 있다.

루어지는) 모습이다. 새가족반 내에서 가장 중점을 두어야 할 사
람은 불신자가 아니다. 새가족반으로 불신자를 데리고 오는 것보
다, 먼저 그들을 양육하고 돌볼 리더를 번식시키는 일이 선행되어
야 한다. 새신자가 소그룹 안에서 경험을 통해 스스로 리더로 세
워져 가는 훈련 과정이 반복될 때 그 소그룹은 확실하게 성장해
갈 것이다. 거듭 강조하지만 새가족반 리더는 절대로 기존 신자에
서 뽑으면 안 된다. 이 방법이 매우 느리고 더딜 것 같지만 실제로
는 가장 빠른 리더 양성 및 전도 방법이라는 것을 잊지 말아야 할
것이다.

내가 미국의 어느 교회에서 사역을 할 때였다. 처음에는 60명
의 성도를 맡게 되었다. 새가족반, 기초반, 확립반, 선교반 등을 만
들어서 열심히 했더니 1년 안에 200명까지 부흥이 되었다. 목회자
인 내가 혼자서 리더반을 구성해서 20명의 리더를 양육하고, 또
청년들을 위해 결혼준비반, 결혼반, 마약퇴치반 등을 만들어서 직
접 인도하였다. 뿐만 아니라 교회에 새신자가 들어오면 구원의 확
신을 시키는 것부터 정착시키기까지 혼자서 모든 것을 감당했다.
처음엔 그러한 사역들에 대해 의욕도 컸고 보람도 있었지만 시간
이 흐름에 따라 새신자가 들어오는 것이 두려워지기 시작했다. 혼

자 모든 일을 해결하다 보니 육체적, 정신적으로 탈진되어 갔고, 나중에는 몸에 무리가 와서 7개월간 디스크로 누워서 지내야 하는 신세가 되기도 했다. 나는 그 당시 리더 훈련도 잘 시켰고 교인들을 좋은 프로그램으로 잘 인도하고 있다고 생각했다. 그러나 새신자들이 빨리 사역을 하고 리더가 되도록 인도하지 못했기에 얼마 가지 않아 사역을 함께 할 리더의 부족으로 결국 실패하고 말았다. 실제로 많은 교회의 목사님들이 이처럼 홀로 모든 일을 해 나가고 있다. 그러나 교회에서는 그와 같은 한 사람의 슈퍼맨이 필요한 것이 아니라 함께 할 수 있는 여러 명의 작은 일꾼들이 필요하다.

미국의 어느 회사에서 다음과 같은 말을 하였다. "우리가 소비자에게 무관심하다면 결코 소비자들은 우리를 귀찮게 하지 않을 것이다." 이것은 교회 안에서도 동일하게 적용된다. 새신자를 신속하게 리더로 세우고 스스로 번식할 수 있도록 돌보지 않으면 그들도 우리를 더 이상 귀찮게 하지 않을 것이다. 왜냐하면 새신자들은 실망감을 안고 교회를 떠나 더 이상 우리를 힘들게 하지 않을 것이기 때문이다.

1. 새가족반은 경험을 하는 것이 가장 중요하다.

   훈련과 성숙은 교실이나 이론으로 이루어지는 것이 절대 아니다.

2. 1:2의 원리를 지켜라. 느리고 더딜 것 같지만 이것이 목표한 바에

   도달하는 가장 빠른 길이다.

3. 새가족반은 새신자가 전도하도록 돕는 것이 목적이다.

4. 새가족반은 스스로 번식하도록 해야 한다.

   이를 위해 리더는 또 다른 리더를 세우도록 힘써야 한다.

5. 새가족반 안에서는 상호 책임이 이루어져야 한다.

1과

새로운 출생

이번 과의
목 적

1) 새신자들로 하여금 하나님의 거룩한 성품과 그와 반대되는 인간의 죄악된 성품을 깨닫게 하고, 인간의 죄악된 성품을 버리고 새롭게 변화된 성품에 따라 사는 법을 알게 한다.

2) 새신자들이 이번 과에서 구원의 감격을 체험하고, 그 체험을 최소한 일주일 안으로 관계를 맺고 있는 불신자 1명 이상에게 간증하게 한다.

하나님의 거룩함

　사람들은 하나님에 대해 어떤 느낌을 가지고 있는가? 아마도 다양한 느낌들이 있을 것이다. 어떤 이들은 하나님을 전능하신 분, 또는 모든 것을 알고 계신 분, 혹은 이 세상을 만드신 분 그리고 나를 지켜주시는 분 등으로 알고 있을 것이며, 어떤 이들은 나와는 상관이 없는 분, 그리스도인들이 말하는 신(神), 존재하지 않는 허상의 존재 등으로 알고 있을 것이다. 그렇다면 이제 막 예수를 믿기 시작한 새신자들은 하나님을 어떤 분으로 알고 있을까? 그들에게 가르쳐야 할 가장 중요한 하나님에 대한 진리는 무엇이며, 성경은 또한 이에 대해 무엇이라 말하고 있는가?

　다음 두 구절을 주의 깊게 읽어 보자.

　"오직 너희를 부르신 거룩한 자처럼 너희도 모든 행실에 거룩한 자가 되라 기록하였으되 내가 거룩하니 너희도 거룩할지어다 하셨느니라"(벧전 1:15~16).

　"그들이 밤낮 쉬지 않고 이르기를 거룩하다 거룩하다 거룩

하다 주 하나님 곧 전능하신 이여 전에도 계셨고 이제도 계
시고 장차 오실 자라 하고"(계 4:8하)

Point 　하나님은 거룩하시고 완전하신 분이기 때문에
죄인인 인간은 하나님께서 요구하시는 거룩함
의 수준에 이를 수 없다. 이것을 깨닫는 것이 바로 새신자
들로 하여금 예수 그리스도를 영접하게 하는 첫 걸음이다.

　성경에서는 하나님을 완전하신 분으로 말한다. 구체적으로
말하면 그분은 거룩하신 분이며, 결코 죄를 허락하지 않는 분이시
다. 그분이 계신 곳에 죄인은 발을 디딜 수가 없다. 왜냐하면 거룩
하신 하나님의 성품이 죄를 결코 용납할 수 없기 때문이다. 따라
서 거룩하신 하나님과 죄인은 절대로 함께 할 수 없다. 그렇다면
하나님은 우리의 죄악된 성품을 어떻게 다루시는가? 하나님은
'사랑'과 '공의'의 성품을 따라 죄인인 우리를 다루신다. 하나님
의 사랑은 죄인에게 살 길을 제시하고 용서하기를 원하시지만, 공
의의 하나님은 그의 공의로우심을 따라 반드시 죄인을 심판하셔
야 한다는 것이다.

그러므로 성경은 우리에게 하나님과 같은 수준의 거룩함을 요구한다. 그러나 인간의 힘으로는 성경의 요구에 부응할 수가 없다. 한번 구겨진 종이가 아무리 다림질을 한다고 해서 구겨지기 전의 모습으로 돌아갈 수 없는 것처럼, 인간의 힘으로는 죄를 짓기 전의 거룩한 모습으로 돌아갈 수 없기 때문이다. 새신자들이 예수 그리스도를 영접하기 위해 가장 필요한 것이 바로 이것을 깨닫는 것이다. 자신의 힘으로 거룩과 구원에 이를 수 없음을 깨달을 때 인간은 자신에게 하나님이 필요함을 느끼기 때문이다. 그렇다면 이제 하나님 수준에 이르지 못한 인간을 하나님은 어떻게 다루셨는지, 인간의 죄는 무엇인지, 그것에 대한 하나님의 해결책은 무엇인지에 대해 살펴보기로 하자.

인간의 죄

우리는 먼저 '죄'가 무엇이고, 그 기원이 어디인지를 알아야 한다. 인류의 죄는 아담과 하와에서 비롯되었다. 그들은 하나님의 뜻을 거슬러 선악을 알게 하는 나무의 열매를 먹었고, 그때부터 그들과 하나님 사이에는 회복될 수 없는 커다란 틈이 벌어졌다. 그들의 죄는 단순히 선악과를 먹었다는 행위에 있는 것이 아니라 선악과를 먹고자 했던 그들의 동기에 있었던 것이다. 하나님은 아담과 하와에게 에덴 동산의 모든 실과를 먹도록 허락하시고 동시에 이 동산을 다스릴 것도 말씀하셨다. 이처럼 하나님은 그들에게 놀라운 축복을 주셨다. 그러나 하나님은 그들에게 넘지 말아야 할 경계 또한 분명히 말씀하셨다. 그것은 선악과를 먹지 말라고 하신 말씀이다. 선악과를 먹지 말라는 하나님의 말씀은 하나님과 그들과의 약속이었으며, 그들이 하나님의 말씀에 순종하며 살아야 함을 깨닫게 하기 위한 것이었다. 큰 자유를 주셨으되 그 자유는 분명히 무한한 것이 아니라 제한된 자유였던 것이다.

하나님께서 이렇게 제한된 자유를 인간들에게 주신 이유는 하나님의 규칙을 따르고 순종하게 하기 위함이다. 인간은 하나님께 순종함으로 큰 축복을 누릴 수 있다. 그러나 아담과 하와는 하나님처럼 지혜롭게 될 것이라는 유혹에 속아 선악과를 먹고 말았다. 이제는 하나님 없이도 살 수 있을 것이라는 생각, 내 삶의 주인은 하나님이 아니라 나 자신이라는 유혹에 그들은 넘어졌다. 이렇듯 '나 스스로가 내 삶의 주인이 되고자 하는 마음', 이것이 바로 죄의 뿌리이다. 이 죄의 뿌리는 이후 그들의 후손에게까지 전해졌고, 이것은 하나님과의 영원한 이별을 가져왔다(창 3장). 아담과 하와에서 시작된 죄악은 온 인류에게까지 영향을 미치는 엄청난 결과를 초래하고 만 것이다. 한 사람의 죄는 모든 인간과 하나님 사이에 영원한 단절을 가져 왔다.

> "이러므로 한 사람으로 말미암아 죄가 세상에 들어오고 죄로 말미암아 사망이 왔나니 이와 같이 모든 사람이 죄를 지었으므로 사망이 모든 사람에게 이르렀느니라 죄가 율법 있기 전에도 세상에 있었으나 율법이 없을 때에는 죄를 죄로 여기지 아니하느니라 그러나 아담으로부터 모세까지 아담의 범죄와 같은 죄를 짓지 아니한 자들 위에도 사망이 왕노릇하였나니 아담은 오실 자의 표상이라"(롬 5:12~14).

사실 하나님의 제한은 우리를 구속하시는 것이 아니라 우리를 보호하는 울타리와 같은 것이다. 그러나 아담과 하와는 그 울타리를 벗어나 자신의 의지대로, 자신의 지혜를 의지하여 살아가고자 하였다. 이것이 바로 '죄의 뿌리' 이다. 모든 사람은 얼마나 윤리적인지 도덕적인지에 상관없이 마음에 '죄의 뿌리' 를 갖고 있다. 따라서 우리 모두는 하나님 앞에 죄인이다. 그리고 그 죄로

인해 갈라진 틈은 우리의 마음에 깊은 공허함과 허무감을 가져다
주었다.

　　하나님은 아담과 하와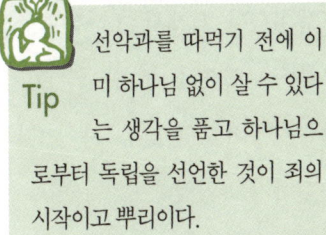
를 만드실 때 하나님의 형
상으로 창조하셨다. 이것은
인간은 하나님과의 바른 관
계를 통해서만 내면의 깊은
곳을 채울 수 있음을 의미한다. 따라서 인간의 죄로 인해 벌어진
그 틈은 하나님과의 관계를 회복하는 것외에 다른 어떤 것으로도
채울 수 없다. 그러나 대부분의 인간들은 그 틈을 선행을 비롯한
여러 가지 좋은 노력으로 채워 보려고 한다.

　　여기서 잠시 나의 경험담을 나누고자 한다. 청소년기에 말로
표현할 수 없는 마음의 공허함을 지니고 있던 나는 공부를 통해
내 마음의 빈 자리를 채우기 위해 미국으로 조기 유학을 떠났다.
그 곳에서 남들보다 열심히 노력했고, 그 결과 모든 과목에서 A학
점을 받을 수 있었다. 그러나 그것으로 마음의 공허함이 채워지지
는 않았다. 공부로는 나의 마음이 채워질 수 없음을 알고 이번에

Tip 선악과를 따먹기 전에 이
미 하나님 없이 살 수 있다
는 생각을 품고 하나님으
로부터 독립을 선언한 것이 죄의
시작이고 뿌리이다.

는 돈을 많이 벌어 그것으로 마음의 공허함을 채워 보려고 했다. 좋은 직장에서 남들보다 몇 배의 노력으로 열심히 일하였고 그 결과 많은 돈을 벌 수 있었다. 그러나 그것 역시 나의 공허함을 채워 주지 못했다. 그래서 그 다음으로는 다른 사람들에게 인정을 받고 인기를 누림으로 내 마음의 빈 자리를 채우고자 하였다. 그것도 아무 소용이 없었으며, 나는 여전히 마음속에 허무와 공허감을 안고 살아가고 있었다.

그러던 중 어느 교회의 수양회에 참석을 하게 되었는데 그 안에서 만난 대학생들은 나를 깜짝 놀라게 하였다. 처음 만난 나에게 그들은 나의 집안이 어떤지, 차는 뭘 타고 다니는지, 돈을 얼마나 벌고 있는지 등에 대해 전혀 물어보지 않는 것이었다. 지금까지 내가 만난 사람들은 제일 먼저 그런 것들을 물어 왔고, 그런 것으로 서로를 평가하곤 했었다. 그러나 그들은 나를 있는 그대로 받아 주고 있었다. 마치 예수님이 죄인들을 있는 그대로 받아 주셨던 것처럼 말이다. 그 동안 내가 그토록 채우고자 했던 공허함, 하나님으로부터 벌어진 커다란 틈이 교회에 와서 예수님이 다스리는 세상에 들어옴으로써 채워지게 된 것이다.

지금 이 순간에도 우리는 마음의 공허함을 채우고자 많은 노

력을 기울이고 있을지도 모
른다. 다른 사람들과의 돈
독한 관계를 유지하는 것으
로 마음의 공허함을 채우고
자 할 수도 있다. 그러나 돌

> **Tip** 당신은 지금 공허함과 허무
> 감으로 고민하고 있지 않는
> 가? 그것을 해결하기 위해
> 서 무엇을 하고 있는가? 해결의 열
> 쇠는 예수 그리스도에게 있다.

아오는 것은 배신과 실망감이 대부분이다. 불우한 이웃을 돕고 사
회에 봉사하는 것으로 마음의 만족을 추구하는 사람도 있다. 그러
나 결국 그들도 그것으로 마음을 채울 수 없다는 것을 깨닫게 될
것이다.

이 모든 노력은 우리의 마음에 잠깐의 만족은 줄 수 있을지 몰
라도 진정한 만족을 줄 수는 없다. 많은 새신자들이 이전까지 이런
무의미한 노력을 많이 해 왔을 것이다. 그들 중 어떤 이는 더 큰 허
무감과 공허함을 느꼈을 것이고, 어떤 이는 아직까지 인간적인 노
력의 무의미함을 깨닫지 못한 채 세월을 낭비하고 있을지도 모른
다. 그들에게 하나님과의 바른 관계를 회복하는 것이야말로 마음
을 채울 수 있는 유일한 해결책임을 깨닫게 해야 한다. 하나님과의
바른 관계를 회복한다는 것은 하나님께서 디자인하신 대로, 하나
님께서 원하시는 목적대로 따라 사는 것을 말한다. 그렇다면 어떻

게 하나님과 바른 관계를 세울 수 있는가? 이를 알기 위해서는 하나님께서 말씀하신 죄에 대한 해결책을 알고 그것을 나에게 적용하는 것이 필요하다. 그런 의미에서 이제 하나님께서 제시하신 죄에 대한 해결책을 살펴보기로 하자.

죄에 대한 해결책

앞에서도 언급했듯이 인간의 어떠한 노력으로도 죄로 인해 하나님과 벌어진 틈을 채우지 못한다. 왜냐하면 이 문제는 죄인인 인간을 통해서가 아니라 죄를 용서해 주실 하나님을 통해서만 해결될 수 있는 것이기 때문이다. 하나님께서는 이 문제를 해결하기 위한 놀라운 계획을 갖고 계셨다. 사실 죄로 인해 생겨난 결과를 해결하기 위해서는 죄의 값을 치르는 방법 외에는 없다. 하나님은 공의의 하나님이시기에 죄를 묵과하거나 인정해 줄 수 없기 때문이다. 그렇지만 하나님은 또한 사랑의 하나님이시다. 하나님의 사랑은 죄인들이 아무런 소망 없이 죽어가는 것을 견딜 수 없게 한다. 그래서 하나님은 이 세상에 자신의 독생자 예수 그리스도를 보내셨고 우리를 위해 죽게 하심으로 우리의 죄의 대가를 치르게 하셨다. 하나님께서 자신과 인간 사이의 틈을 채우고자 세우신 계획은 바로 예수님을 세상에 보내시는 일이었던 것이다! 이렇듯 죄악 속에 있는 인간은 하나님의 완전한 기준에 도달할 수 없으며, 또한 예수님을 통하지 않고서는 하나님께 나아갈 수 있는 길은 하나도 없다. 오직 예수님의 사랑과 십자가 위에서의 희생만이 하나님과 우리의 화목을 가능하게 하는 것이다.

> "하나님이 죄를 알지도 못하신 자로 우리를 대신하여 죄를 삼으신 것은 우리로 하여금 저의 안에서 하나님의 의가 되게 하려 하심이니라"(고후 5:21).

거룩하게 되기 위해 인간이 시도하는 행위들, 즉 선행 혹은

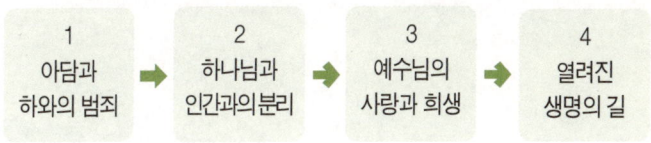

1	2	3	4
아담과 하와의 범죄	하나님과 인간과의 분리	예수님의 사랑과 희생	열려진 생명의 길

다른 종교, 사람과의 관계 등은 해결책이 될 수 없다. 이것은 우리의 노력이 조금밖에 도움이 안 된다는 것을 말하는 것이 아니라 전혀 도움이 안 된다는 것을 말한다. 예수님의 사랑과 십자가 희생만이 완전한 생명의 길을 열 수 있다. 그러므로 우리가 우리를 향한

예수님의 사랑과 희생을 믿을 때 생명의 길을 걸어갈 수 있다.

그렇다면 예수님께서 우리에게 원하시는 것이 무엇인가? 예수님이 우리에게 원하시는 것은 다른 외형적인 모습이나 우리의 인간적인 노력이 아니다. 그에 대한 믿음뿐이다. 예수님은 우리의 믿음을 원하시며, 그가 우리의 구세주임을 믿고 고백할 때 우리에게 구원이라는 큰 선물을 주신다. 당신이 양육하는 새신자 중에서 자신이 거룩하지 못하다고 생각하는 새신자가 있는가? 예수님께 직접 나아가도록 도우라. 당신의 있는 모습 그대로 받아 주시는 그분의 품에 안겨 보았던 경험을 먼저 나누라. 그분이 우리를 얼마나 사랑하시는지, 십자가의 희생이 어떤 것인지 자신의 경험을 통해 그들도 역시 체험하게 하라.

> "너희가 그 은혜를 인하여 믿음으로 말미암아 구원을 얻었나니 이것이 너희에게서 난 것이 아니요 하나님의 선물이라 행위에서 난 것이 아니니 이는 누구든지 자랑치 못하게 함이니라"(엡 2:8~9).

예수 안에서 나는 누구인가?

우리는 지금까지 예수 그리스도만이 유일한 해결책이란 사실을 새신자들이 깨닫게 하도록 힘써야 한다고 배웠다. 새신자들 중 어떤 이는 이런 질문을 할 수도 있을 것이다. '예수님이 나와 무슨 상관이 있는가? 2000여 년 전에 돌아가신 그분이 나에게 무슨 영향을 줄 수 있는가?'

이것을 알기 위해서 다음의 구절을 살펴보자.

"너희의 허물과 죄로 죽었던 너희를 살리셨도다 그 때에 너희가 그 가운데서 행하여 이 세상 풍속을 좇고 공중의 권세 잡은 자를 따랐으니 곧 지금 불순종의 아들들 가운데서 역사하는 영이라 전에는 우리도 다 그 가운데서 우리 육체의 욕심을 따라 지내며 육체와 마음의 원하는 것을 하여 다른 이들과 같이 본질상 진노의 자녀이었더니 긍휼에 풍성하신 하나님이 우리를 사랑하신 그 큰 사랑을 인하여 허물로 죽은 우리를 그리스도와 함께 살리셨고 (너희가 은혜로 구원을 얻은 것이라) 또 함께 일으키사 그리스도 예수 안에서 함께 하늘에 앉히시니 이는 그리스도 예수 안에서 우리에게

자비하심으로써 그 은혜의 지극히 풍성함을 오는 여러 세대
에 나타내려 하심이니라 너희가 그 은혜를 인하여 믿음으로
말미암아 구원을 얻었나니 이것이 너희에게서 난 것이 아니
요 하나님의 선물이라 행위에서 난 것이 아니니 이는 누구
든지 자랑치 못하게 함이니라 우리는 그의 만드신 바라 그
리스도 예수 안에서 선한 일을 위하여 지으심을 받은 자니
이 일은 하나님이 전에 예비하사 우리로 그 가운데서 행하
게 하려 하심이니라"(엡 2:1~10).

바울은 여기에서 예수님의 사랑을 깨닫고 그분을 주(主)로 고
백하는 자들이 바로 '그리스도 예수 안에 있는 자'라고 말한다.
그렇다. 하나님은 우리의 겉모습이 어떠한지, 집안은 어떠한지,
무슨 차를 가지고 있는지, 돈은 얼마나 벌었는지 등에 관심이 없
으시다. 그분은 우리가 예수 그리스도 안에 있는지 아닌지에 관심
을 보이실 뿐이며, 만일 우리가 예수 안에 있다면 하나님은 우리
를 있는 그대로 받아 주신다. 분명 하나님과 죄인인 우리 사이에
는 함께 할 만한 어떠한 근거도, 관계도 존재하지 않으나, 하나님
은 아무 상관도 없고 아무런 자격도 없는 나를 택하시고 그분의
자녀로 삼아주셨다.

호세아 선지자의 부인 '고멜' 은 남편을 떠나 다른 남자와 결혼을 한 창녀였다. 하지만, 호세아는 그때마다 비싼 값을 지불하고 고멜을 집으로 데리고 온다. 이런 남편을 향해 고멜은 다음과 같은 내용의 노래를 부른다. "당신은 정말 멍청한 사람입니다. 왜 나 같은 사람을 끝까지 찾아 오는 거죠? 당신은 참 멍청하고 어리석은 사람입니다. 왜 날 이토록 사랑하는지 모르겠네요……."

예수 그리스도 안에 있는 우리 역시 하나님을 향해 이와 같은 고백을 할 때가 많다. 예수님은 날 찾아오셔서 사랑해 주시고 구원해 주셨는데 우리는 여전히 자기자신만을 위해 산다. 때로는 우리가 그분을 잊어버렸을 때에도 여전히 우리를 변함없이 사랑하시는 예수님의 그 큰 사랑을 의심하기도 한다. 그러나 예수님의 사랑을 마음으로 느끼고 인식할 때 이 세상 누구에게서도 받아보지 못한 큰 사랑을 받고 있다는 것을 깨닫게 될 것이다.

그렇다면 구체적으로 어떻게 하면 새신자들로 하여금 그리스도의 사랑을 깨닫게 할 수 있는가? 그러기 위해서 소그룹의 리더가 먼저 우리가 얼마나 큰 사랑을 받고 있는지를 간증하는 것이 좋다. 그들에게 당신의 간증을 통해 그때의 감격과 기쁨을 분명하게 보여 주어라. 우리가 하나님 앞에 얼마나 귀하고 아름다운 존재인지를 깨닫게 될 때 비로소 우리의 낮아진 자존감은 회복된다. 그리고 자존감을 회복하면 다른 사람을 사랑할 수 있는 마음을 가지게 되며, 타인을 하나님의 사랑으로 사랑하는 열정을 가지게 되면 삶의 목적과 방향이 바뀌는 결과를 가져온다. 이것은 곧 삶의 주인이 나 자신에서 예수 그리스도로 바뀌는 것을 의미하는 것이다.

> **Point** 아담과 하와는 하나님께서 처음 의도하셨던 삶에서 벗어난 삶을 살았다. 그 결과 그들은 불행한 삶을 살 수밖에 없었다. 이것은 우리에게도 동일하게 적용된다. 하나님께서 우리를 지으신 목적, 하나님께서 디자인하신 대로 살지 않을 때 우리는 또다시 공허함을 느끼고 허송 세월을 보내게 될 것이다. 인생의 진정한 행복은 하나님의 뜻에 맞는 삶을 살아갈 때 주어진다.

이러한 과정을 통해 새신자는 자연스럽게 자신이 경험한 하나님의 큰 사랑과 편안함, 자유함을 안 믿는 친구들과 친족들에게 전하고 싶은 마음을 품게 된다. 그리고 이제는 자신을 위해서 기도하는 일보다, 안믿는 사람들을 위해 기도하는 일에 더욱 많은 시간을 투자하고 싶어진다. 새신자들의 마음에 이러한 변화가 일어난다면 이제 그는 리더로서 다른 사람들을 하나님께로 인도하는 사람이 될 것이다.

새로운 성품 대 옛 성품

예수님을 만난 사람은 반드시 삶이 변화한다. 이 변화는 겉모습의 변화가 아닌 내면의 변화요, 성품의 변화이며 가치관의 변화이다. 이것은 또한 하나님과 상관없었던 나의 모습이 하나님의 자녀로 변화되는 본질적인 변화이다. 나는 예전에 남들이 나의 과거에 대해 알고자 하는 것을 싫어했고 나 자신이 내 과거를 보여 주는 것도 원치 않았다. 왜냐하면 내 자신이 내 과거를 돌이켜 보면 고개를 못 들만큼 부끄러웠기 때문이다. 이런 성향은 나로 하여금 다른 사람들과의 만남을 싫어하게 하였고, 심지어 밖으로 외출하는 것까지 싫어하게 만들었다. 내 안에 있는 이런 두려움은 내가 목사가 된 후에도 한동안 남아 있었다. 그러나 그럴 때마다 새롭게 변화된 나의 본성은 이렇게 이야기하고 있었다. "과거를 묻지 마라. 네가 기억할 과거는 갈보리의 십자가 밖에 없다." 그러나 마귀는 수시로 나의 잘못된 과거를 생각나게 함으로써 마음속의 죄 책감을 자극하곤 하였다.

자꾸 떠오르는 나의 옛 모습과 싸우는 일이 너무도 괴로워서 나는 이 문제를 놓고 간절히 기도하기 시작했다. 간절히 기도하면서 나의 내면이 서서히 예수님께서 다스리시는 본질로 움직여지기 시작했다. 그렇게 하나님께 나의 옛 과거를 맡기고 새 사람이 된 후 지금은 내 안의 주재권을 예수님께 넘기고 그분이 하신 일을 고백하며 영광을 돌리려고 힘쓰고 있다. 그래서 항상 무엇을 보거나 생각할 때도 "예수님, 무엇을 보아야 할까요? 주님, 주님은 어떻게 생각하시는지요?" 하고 예수님께 여쭈어 보며, 심지어 수염을 깎을 때도 예수님에게 의지하며 "예수님 여기도 깎아 주시고, 이쪽도 좀 잘 깎아주세요"라고 이야기하는 습관이 생겼다. 이것은 내 안에 계시는 예수님이 내 대신 모든 것을 행하시도록 나를 내려놓고 예수님을 의지하는 연습을 하는 것이다.

한번은 '나의 본질이 바뀌었고 내가 새 사람이 되었구나' 라는 생각을 강하게 경험한 적이 있다. 아내와 함께 인도네시아 선교 여행을 갔다가 잠시 관광을 하게 되었는데, 거리에서 수많은 우상을 보게 되었고 또한 우상에 절하고 있는 많은 사람들을 보았다. 그때 나는 자연적으로 구역질이 나오는 것을 느낄 수 있었다. 그리고 그 사람들이 너무 불쌍하게 느껴지는 것이었다. 그때 '아! 나의 본질이 이들과 이렇게 다르구나. 나는 하나님의 축복을 받은 사람이구나' 라는 생각에 감사했던 기억이 있다. 이처럼 그리스도인이 된다는 것은 나의 옛 본질이 바뀌어 내가 새 사람이 되는 것을 의미한다.

"그러므로 누구든지 그리스도 안에 있으면 새로운 피조물이라 이전 것은 지나갔으니 보라 새것이 되었도다!" (고후 5:17).

'자신이 새 사람이라고 느끼는가? 우리가 지금 영적 전투 중에 있다는 것을 느끼는가? 또한 이 영적인 싸움에서 우리가 어떻게 하면 승리할 수 있을 것인가? 이런 질문은 새신자들이 항상 깊이 생각해야 할 중요한 것들이다. 만일 누구든지 영적인 싸움을 느끼지 못한다면 그 이유는 여전히 옛 모습, 옛 성품대로 생각하

고 행동하며 여전히 육체의 욕심을 따라 살고 있기 때문이다. 그
렇지만 중요한 것은, 우리가 변함없이 그러한 모습으로 산다 할지
라도 우리의 본질은 여전히 하나님의 자녀라는 것이다. 다만 우리
가 그 본질대로 살지 못하고 있을 뿐이다.

Point 우리는 항상 진리를 믿고 그 진리대로 행동하든
지, 아니면 과거의 가장 익숙했던 소리를 듣고 그
에 따라 행동하든지 둘 중에 하나를 선택해야 하는데 이것
이 바로 매일의 삶에서 벌어지는 영적인 싸움의 핵심이다.
이것은 새신자라고 해서 예외가 아니다. 아니 오히려 새신
자에게서 이런 싸움은 더 치열하다고 볼 수 있다.

그리스도 안에서 새로운 피조물인 우리 안에는 죄의 본질이
아닌 예수님의 본질이 자리 잡고 있다. 예수님이 십자가에서 보여
주신 희생과 사랑은 우리 안에 있던 죄의 본질을 깨끗이 씻어내기
에 충분하고 완전하다. 거짓말을 한두 번 하였다고 그 사람이 완
전히 거짓말쟁이가 되는 것이 아니다. 우리가 때로는 위선자처럼
행동할 때가 있지만 우리의 본질이 위선자인 것은 아니다. 우리의
신분은 이미 거룩한 자로 새로 태어났는데 옛 습관이 남아 있어

잠시 실수하는 것뿐이다. 일단 우리가 예수님의 본질로 변화된 후로는 그 본질은 다시 변하지 않는다. 따라서 나의 본질 자체를 의심하는 것은 옳지 않다. 한두 살 먹은 아이가 동물보다 영리하지 못할 때도 있지만 그래도 본질은 동물이 아니라 사람인 것처럼, 부족하고 연약하여 넘어지는 일이 있다고 해서 내 안에 계신 예수님이 사라지는 것은 아니다. 새신자들이 이 사실을 확실하게 인식하게 된다면 그들 안에 있는 구원의 확신은 환경이나 감정에 의해서 결코 흔들리지 않을 것이다. 그렇다면 어떻게 해야 진정한 본질을 회복할 수 있는가? 다음 구절을 깊이 묵상해 보자.

"우리가 저에게서 듣고 너희에게 전하는 소식이 이것이니 곧 하나님은 빛이시라 그에게는 어두움이 조금도 없으시니라 만일 우리가 하나님과 사귐이 있다 하고 어두운 가운데 행하면 거짓말을 하고 진리를 행치 아니함이거니와 저가 빛 가운데 계신 것 같이 우리도 빛 가운데 행하면 우리가 서로 사귐이 있고 그 아들 예수의 피가 우리를 모든 죄에서 깨끗하게 하실 것이요 만일 우리가 죄 없다 하면 스스로 속이고 또 진리가 우리 속에 있지 아니할 것이요 만일 우리가 우리 죄를 자백하면 저는 미쁘시고 의로우사 우리 죄를 사하시며 모든 불의에서 우리를 깨끗케 하실 것이요"(요일 1:5~9).

옛 죄의 습관을 벗어버리고, 하나님의 은혜를 누리기 위해서는 위의 사실을 분명히 알아야 한다. 누구든지 죄를 범했다고 느껴지면, 그것을 하나님께 자백하고 그 죄로부터 자신을 돌이켜야 한다. 하나님은 '미쁘시고 의로우사' 우리가 죄를 자백하고 돌이키기만 하면 그 모든 죄를 용서해 주신다. 이것은 우리가 믿어야 할 모든 것보다 우선적으로 요구되는 믿음이다.

구원은 우리에게 옛 성품에서 새 성품으로의 본질의 변화를 가져다 준다. 그 새 성품을 받기 위해서 우리가 어떠한 노력을 해야 하는 것은 아니다. 하나님은 우리가 우리의 죄를 고백하고 예수를 그리스도로 고백하는 그 순간 순결하고 빛 자체인 새 성품을 우리에게 주신다. 이것은 우리의 옛 성품은 그리스도와 함께 십자가에 못 박혔고 이제는 새로운 성품이 내 안에 들어오게 되었음을 의미한다.

> "우리가 알거니와 우리 옛 사람이 예수와 함께 십자가에 못 박힌 것은 죄의 몸이 멸하여 다시는 우리가 죄에게 종노릇 하지 아니하려 함이니"(롬 6:6)

간증문 작성하기

새신자들이 구원받은 감격을 잊어버리지 않고 있다면 그 감격을 적어 보도록 하라. 그리고 그 글을 다른 사람들에게 읽어 주도록 하고 이를 점검해 보라. 그들은 예수 그리스도의 사랑과 능력으로 다른 사람들과 접촉할 때 하나님께서 일하시는 현장을 보게 되기 때문에 한편으로는 흥분되고 한편으로는 긴장되는 것을 느낄 것이다.

간증문을 작성하는 방법은 사도 바울의 개인 간증인 사도행전 26장 9절에서 23절을 참고하면 된다. 이것은 다음의 네 가지 요소를 포함하기 때문에 'BEST' 라고 부르기도 한다.

▶ B - Before / 구원받기 전의 내 모습과 생활을 적도록 하라. '그리스도께 삶을 위탁하기 전에 내 삶의 중요한 요소들은 무엇이었는가?'

1) 들려 주고자 하는 사람과 공통적인 배경이 있으면 그것을 다루도록 하라.

2) 함께 공감하는 것이 중요하다. 그러나 과거의 죄를 자세히
   말하거나 자랑하지 않도록 유의하라.

▶ E - Events / 구원으로 인도한 사건을 적으라.
'누구의 도움으로 인도되었는가? 어떤 사건이 나에게 그리스
도를 영접하게 하였는가?'
1) 나를 어렵게 했던 상황들(평안이 없음, 자만, 공허, 무의미,
   무기력 등)을 다루되 주된 문제 한 가지를 정하고 그 문제
   를 주로 다루도록 하라.
2) 이런 것들이 매일매일의 삶에 어떤 영향을 미쳤는가?
3) 공포나 두려움, 생각 등을 나누도록 하라.
4) 믿기 전의 나의 삶에 관한 어떤 좋은 것을 나누도록 하라.
   그렇게 하면 다른 사람들이 그들과 관계를 갖기 쉬워질 것
   이다(예: 도덕성, 관대함, 원만함).

▶ S - Salvation Day / 구원받은 날의 기분이나 느낌, 경험, 구
   원의 말씀 등을 나누라.
'어떻게 그리스도를 영접했으며 그것은 나의 삶을 어떻게 변
화시켰는가?'

1) 그리스도께 초점을 맞추도록 하라(그분의 사랑과 은혜, 공급하심, 예비하심 등).

2) 특히 그리스도를 영접한 과정을 상세히 말해 주도록 하라. 그러면 불신자들이 영접하려는 순간 어떻게 해야 할지 알게 될 것이다.

3) 성경 한 구절을 강조하도록 하라.

4) 종교적인 전문용어를 피하도록 유의하라. 그 대신 그들이 쉽게 이해할 수 있는 말을 사용하도록 하라.

▶ T - Today / 구원받은 후에 오늘까지 경험한 것을 적으라. '그동안 하나님이 내 안에서 어떠한 경험을 하게 하셨는지, 지금 내 삶 속에 하나님께서 어떠한 일을 행하고 계시는지를 적도록 하라.'

1) 앞서 언급한 원칙을 참고로 하여, 예수님께서 두려움과 문제를 어떻게 다루셨는지 보여 주면 더 좋다.

2) 가장 감동적인 변화에 초점을 맞추도록 하는 것이 효과적이다.

3) 정직하게 이야기도록 하라 (예수님이 그들과 함께 일하실 것이다).

4) 평안, 신뢰, 그리고 구원의 확신을 나누도록 하라.

5) 지금 내 삶 속에서 일어나는 하나님의 함께하심에 대한 감격을 나누도록 하라.

이 간증문을 다 작성했으면 그 구원 간증문을 나눌 대상자를 하나님께서 주시도록 기도해야 한다. 그리고 그 대상자에게 얼굴과 얼굴을 맞대고 그 간증문을 읽어 주도록 해야 한다. 반드시 얼굴을 맞대고 한 명 이상에게 전해야 한다. 이 때 중요한 것은 기존 신자가 아닌 불신자에게 증거하게 하는 것이다. E-mail을 활용하는 것도 좋은 방법이나 반드시 최소 1명에게는 얼굴과 얼굴을 맞대고 전하도록 해야 한다. 그리고 그들을 그리스도께 초대하도록 하라. 초대를 거부하는 것에 대해 미리 부담을 갖지 말고 실행하라.

소그룹 리더는 이 모든 것을 반드시 점검해야 한다. 물론, 리더 스스로가 모범을 보여야 함은 당연하다. 리더는 그들이 누구와 언제 어디서 만났는지를 구체적으로 점검해야 하고 용기있게 실천한 사람에게는 격려를 해 주어 다른 사람들도 용기를 얻도록 해야 한다. 이런 일들을 실제 삶에서 바로 실천하는 것이 중요하다.

리더들이 철저히 기도하며 준비하고, 새신자들이 이를 실천할 수
있도록 적극적으로 도울 때 그들은 예수님을 믿은 첫날부터 전도
를 시작하게 될 것이다.

간증문 작성하기

구원받기 전 나의 모습과 생활(Before)

구원으로 인도한 사건(Events)

구원받은 날의 기분이나 느낌, 경험, 구원의 말씀(Salvation Day)

구원 받은 후에 오늘까지 경험한 것(Today)

<table>
</table>

이번 과를 통해서 실천 해야 할 사항

- 리더는 새신자들이 구원의 감격을 경험하도록 한다.
- 새신자는 구원의 감격을 간증문으로 작성한다. 이때, 리더는 간증문 안에 'BEST' 요소가 모두 포함되었는지 점검한다.
- 새신자는 앞으로 매주 그 간증문을 불신자에게 읽어 주고 그리스도께 초청하게 한다.
- 리더는 새신자가 이 모든 것을 실천할 수 있도록 점검하고 격려한다.

새신자들과 함께 할 수 있는 이야기

1. 이 책을 읽기 전에 당신이 갖고 있는 하나님에 대한 감정이나 느낌은 어떠했는가?

2. (창 3장을 읽어 본 후) 아담과 하와가 뱀의 유혹에 못 이겨 선악과를 먹었던 직접적인 마음의 원인은 무엇이었는가?

3. 당신은 그 무엇으로도 채울 수 없었던 공허함이나 허무감을 느껴 본 적이 있는가?

4. 당신은 하나님과 벌어진 틈을 채우기 위해 어떤 시도들을 해왔는가? 그로 인해 얻은 결과는 무엇인가?

5. 그리스도 예수 안에서 당신의 모습을 하나님이 있는 그대로 보신다는 사실에 당신은 어떤 기분이 드는가?

6. 당신은 새로운 본질로 변화되었다는 것을 인식하는가? 그렇다면 그 사실은 여러분에게 어떤 의미를 주는가?

7. 이런 사실을 알지 못하는 친구나 가족들에 대해서 어떤 생각이 드는가?

8. 이번 주에 구원의 감격을 나눌 대상자는 누구인가?

2과
경험 나누기

▶ 영적인 새로운 출생은 지식이 아닌 경험을 통해서, 그리고 소그룹 안에서 이루어진다.

▶ 이를 위해서는 기도와 적극적인 실천이 필요하다.

▶ 예수 그리스도로 말미암아 변화된 새로운 본질은 변하지 않는다.

이번 과의
목 적

1) 새신자들로 하여금 불신자에게 간증문을 읽어 주고 그리스도께 초청했는지 점검한다.

2) 그 불신자에게 다른 그리스도인을 소개하도록 한다.

3) 새신자가 복음을 전하는 데 있어서 관계를 맺는 것이 중요함을 깨닫도록 한다.

4) VIP를 이해하고 자신의 VIP명단을 작성한다.

5) 새신자로 하여금 전도는 혼자 하는 것이 아니라 함께 하는 것임을 깨닫게 하고 소그룹 안에서 하나가 되도록 힘쓴다.

불신자가 교회에 나오는 이유

대부분의 사람들은 전도를 하는 것이 매우 어려운 일이라고 생각하는데 이것은 새신자들도 마찬가지이다. 왜냐하면 전도란 낯선 사람과 대면하는 것이고, 자신의 견해를 남에게 강요하고 설득시키는 것이라 여기기 때문이다. 그러나 사실 낯선 사람을 통해 그리스도께 나오는 경우는 매우 드물다. 대부분은 자신에게 관심을 가져 주고 기도해 주며 그리스도인의 삶의 본을 보여 준 가까운 사람들에 의해서 주님을 영접한다. 그들이 마음을 열기까지 가장 큰 역할을 한 사람들은 바로 가족이나 친구, 친지들인 것이다.

"요한의 말을 듣고 예수를 좇는 두 사람 중에 하나는 시몬 베드로의 형제 안드레라 그가 먼저 자기의 형제 시몬을 찾아 말하되 우리가 메시야를 만났다 하고 (메시야는 번역하면 그리스도라) 데리고 예수께로 오니 예수께서 보시고 가라사대 네가 요한의 아들 시몬이니 장차 게바라 하리라 하시니라(게바는 번역하면 베드로라) 이튿날 예수께서 갈릴리로 나가려 하시다가 빌립을 만나 이르시되 나를 좇으라 하시니 빌립은 안드레와 베드로와 한 동네 벳새다 사람이라 빌립이 나다나엘을 찾아 이르되 모세가 율법에 기록하였고 여러 선지자가

기록한 그이를 우리가 만났으니 요셉의 아들 나사렛 예수니
라 나다나엘이 가로되 나사렛에서 무슨 선한 것이 날 수 있
느냐 빌립이 가로되 와 보라 하니라"(요 1:40~46).

베드로는 형제 안드레를 통하여 예수님을 만났고 나다나엘은
친구 빌립을 통하여 예수님을 만났다. 이렇듯 대부분의 전도는 관
계를 중심으로 이루어진다.

국제 NCD연구소는 14,000여 명의 사람들을 대상으로 '당신
은 누구 또는 무엇 때문에 예수님을 구주로 영접하고 교회에 나오
게 되었습니까?' 라는 질문으로 설문 조사를 하였다. 다음의 표는
그러한 질문에 대한 응답들을 그래프로 표시한 것이다.

불신자가 교회에 나오게 된 계기

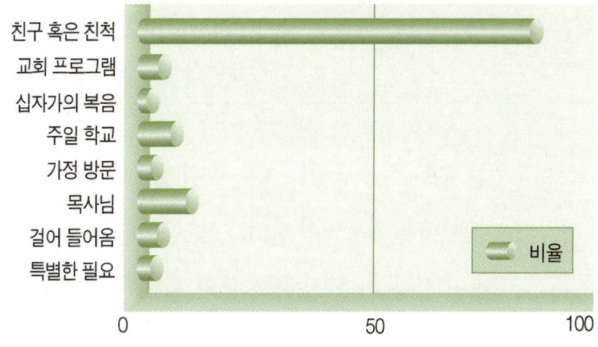

이 조사에 의해 90%의 사람들이 관계를 통해 전도된 사실이 밝혀졌다. 즉, 전도의 90%는 그룹에의해, 여러번, 관계있는 사람과의 만남을 통해, 사랑을 실천함으로써 이루어졌다는 것이다. 이것을 볼때 우리는 전도에 대한 잘못된 선입관을 바꿀 필요가 있다.

전도에 대한 오해와 사실

전도에 대한 잘못된 선입관	전도에 대한 올바른 사실
전도는 낯선 사람과 접촉하는 것이다.	대부분의 사람들은 가까운 사람의 인도를 통해 그리스도께 나온다.
전도는 말을 잘해 그들을 설득하는 것이다.	사람들은 사람의 행위와 말을 통하여 그리스도를 믿는 경우가 대부분이다.
회심은 즉각적이다.	회심은 많은 시간과 다양한 메시지를 필요로 한다.
단지 한 사람에 의해서 그리스도께 인도된다.	불신자가 그리스도인들을 많이 알수록 빨리 신자가 된다.

우선, 우리는 우리 주변에 있는 자들을 위해서 기도하고 그들에게 적극적으로 사랑을 베풀어야 한다. 전도의 가장 중요한 요소는 바로 '적극적인 사랑' 이다. 또한 그들의 필요에 민감하여 그

필요를 채워 주고, 말과 행동으로 그리스도의 사랑을 표현해야 하며, 그들과 함께 많은 시간을 보냄으로써 그들이 복음을 접할 기회를 많이 제공해야 한다. 그리고 우리는 할 수 있는 한 많은 그리스도인들을 불신자들에게 소개시켜야 한다. 이같은 사실로 우리는 2가지의 효과적인 전도의 원리를 발견할 수 있다.

●우정의 원리

성경에는 친구, 동료 그리고 사랑하는 사람들이 그리스도를 영접하도록 인도한 사람들의 사례가 무수히 많다. 우리는 요한복음 1장 35절에서 46절까지의 말씀에서 '시몬'과 '안드레', '나다나엘'과 '빌립'의 관계를 볼 수 있다. 또한 사도행전

> **Tip** 친구나 친척과 같은 관계를 통한 전도가 가장 전형적이고 효과적인 전도 방법이다. 돌봄을 통해 그리스도의 사랑을 나타내는 평범한 사람들이 가장 효과적인 전도자들이다.

에서는 '루디아'와 '빌립보' 간수가 그들의 가족을 예수님 앞으로 인도하였고, '고넬료'는 동료 군인을 가족에게 보내어 복음을 듣게 하였다(행 16:15, 31~33, 10:1~2, 22~24). 그리고 마태복음에는 '마태'가 그의 친구들과 동료 세관으로 하여금 예수님을 영접

하게 하였다(마 9:10). 관계는 삶의 등불을 밝히는 복음이 전해지
는 다리이다.[1]

●심고 거두는 원리

이것은 '한 사람은 심고 한 사람은 거둔다'(요4:37)는 성경의
원리이다. 전도란 오랜 시간을 필요로 하는 기나긴 과정이다. 예
를 들어 10번의 복음을 듣고서야 그리스도를 영접한 사람이 있다
면 그것은 우리가 10번째 이전에 9번의 실패를 맛보아야 하고, 비
웃음과 냉대를 경험해야 함을 의미한다. 하지만 이것은 지금 나의
전도가 당장은 열매맺지 못한다 해도 누군가 10번째 전하는 자에
의해 성공할 것임을 말하는 것이기도 하다.

결론을 말하면 전도는 어느 한 순간, 실력 있는 소수의 사람
에 의해서 행해지는 것이 아니라 매일매일의 삶 속에서 언젠가 거
둘 열매를 바라보며 인내를 가지고 여러 사람들과 함께 씨앗을 심
어 가는 과정인 것이다.

---

1) 조엘 코미스키, 『사람들이 몰려오는 소그룹 인도법』, 2003, 도서출판NCD

우리 삶과 관계 있는 불신자들

당신이 한 달 안에 더욱 돈독한 관계를 맺을 수 있는 불신자는 몇 명인가? 사실 신앙 생활을 오래 한 사람일수록 이 질문에 대답하기 힘들어 한다. 이는 서두에서 살펴보았듯이 교회에서는 지금까지 공식적이든 비공식적이든 불신자와의 교제를 끊도록 배워 왔기 때문이다. 그렇기 때문에 그런 고정관념이 정착된 기존의 신자들보다는 새신자들로 하여금 전도하게 하는 것이 가장 쉬운 길이며 확실한 방법이라고 할 수 있다.

예수님은 고침 받은 사람들에게 집으로 돌아가서 하나님께서 그들에게 행하신 일을 이야기하라고 격려하셨다. 이처럼 우리는 하나님께로부터 받은 은혜와 사랑을 불신자들에게 전해야 한다. 그러나 우리는 교회 일과 집안 일 때문에 바쁘다는 핑계로, 대화의 관심사가 서로 다르다는 핑

> **Tip** 당신은 몇 명의 불신자와 관계를 맺고 있는가? 그 숫자가 몇 명이든 그 영혼은 당신이 책임져야 할 영혼이다. 관계는 복음이 건너가는 다리이다. 당신이 그 관계를 끊는다는 것은 복음이 건너갈 다리를 끊는 것을 의미한다.

계로, 때로는 그들과 관계를 맺어야 할 필요성을 전혀 못 느낀다는 이유로 불신자들과 대화하는 것을 회피하는 경향이 있다. 그러나 분명한 것은 우리는 기존 신자보다 오히려 불신자들과 더 많은 관계를 맺어야 할 필요가 있다는 것이다. NCD 새가족반에서는 불신자를 피하는 것이 아니라 오히려 그들에게 다가가서 그들의 필요를 살피고 사랑을 나누어 주도록 권장한다. 왜냐하면 관계는 복음이 건너가는 다리이며, 따라서 이 관계가 끊어진다는 것은 복음이 건너갈 다리가 끊어진다는 것을 의미하기 때문이다. 그러므로 소그룹 리더는 새신자들이 그들의 이웃에게 다가갈 수 있도록 용기를 북돋아 주고 필요하면 함께 동행함으로써 관계를 통한 전도를 직접 체험할 수 있도록 도와야 한다.

불신자와의 관계를 돈독히 하려면 그들을 위해서 나의 시간을 사용할 줄 알아야 한다. 우리가 그들에게 하나님의 사랑을 표현할 수 있는 실제적인 방법들은 얼마든지 있다.

▶차를 무료로 세차해 줄 수도 있고 그들의 일터에서 음료수를 제공할 수도 있다.
▶친절의 표현으로 그들의 집 앞을 쓸어 줄 수 있다.

▶그들과 시간을 보내고 친교의 시간을 마련할 수도 있다.

일단 그들과 가까워지면 그들에게 더욱 많은 신뢰를 심어 주어야 한다. 그래야만 그 관계가 더 발전할 수 있기 때문이다. 이를 위해 우리는 솔직함과 정직함으로 불신자들을 대해야 하는데, 이는 만일 우리가 그들에게 솔직하지 않는다면 그 관계는 지속되기 어렵기 때문이다. 이를 위해 때로 자신의 연약함을 그들 앞에서 인정해야 할 때도 있는데, 이것은 그들이 나의 삶에 대해 이야기하고 영향을 주는 것을 용납해야 함을 의미한다. 하지만 그럼에도 불구하고 우리는 마음을 열고 솔직한 대화를 하도록 해야 한다. 우리가 솔직히 우리 자신을 열어놓을 때, 대화의 단계가 가장 낮은 수준의 대화인 '일상적인 대화'에서 '사실적인 대화'로, 다음은 '인지적인 대화'로, 그리고 '심정적인 대화'로 진전되어 대화의 가장 깊은 단계인 '솔직한 대화'에까지 나아갈 수 있는 것이다.[2]

또 그들에게 일어나는 중요한 일들을 놓쳐서는 안 된다. 가족 구성원의 죽음, 직업의 변화, 자녀들과의 불화, 가까운 친구의 죽음, 심각한 질병 등에 직면해 있는 사람들에게는 무엇보다 그리스

---

[2] 이것은 의사소통의 5단계로서 가장 낮은 수준의 대화인 일상적 대화에서 가장 깊은 단계의 대화인 솔직한 대화까지를 말한다. 가장 바람직한 대화는 물론 솔직한 대화이다.

도의 사랑과 위로가 필요하기 때문이며, 또한 그들의 영혼이 그것을 원하고 있기 때문이다. 그 외에도 그들을 교회의 행사나 소그룹 모임에 초대하는 것도 좋은 방법이 될 것이다.

불신자를 위해 기도하기

우선 당신이 알고 있는 친구나 친척들 중에서 아직 그리스도를 모르는 사람들로 'VIP 회원'[3] 명단을 작성해 보아라. 이 명단은 성경책에 끼워 놓기도 하고 책상에 붙이기도 하여 수시로 볼 수 있도록 하는 것이 좋다. 이 'VIP 명단'은 가장 마음이 열려 있는 사람의 순서대로 적어야 한다. 즉 교회에 올 시간적 여유가 있을 것 같은 사람이 아니라, 그리스도의 사랑을 이야기할 수 있고, 들어 줄 수 있는 정신적이고 영적인 여유가 있는 사람을 1순위로 삼아야 하는 것이다. 그후 기회를 기다리며 기도하고, 기회가 생기면 즉시 다가가서 예수님의 사랑을 전하면 된다. 그들이 시몬처럼 긍정적인 반응을 보일 수도 있고, 그 반대로 회의적인 반응을 보일 수도 있다. 그러나 중요한 것은 하나님의 사랑과 말씀을 전

---

3) 주변에 있는 불신자들 중에서 예수 그리스도에게 마음이 가장 잘 열려 있고, 또한 언제든지 만날 수 있으며, 매우 친밀한 관계에 있는 사람을 여기서는 VIP(Very Important People)라고 한다.

하는 것이고, 그 결과는 하나님께 맡기면 되는 것이다.

복음을 전하는 것도 중요하지만, 복음을 전할 때 불신자가 복음을 받아 들일 수 있도록 먼저 기도하는 것이 더욱 중요하다. 바울이 그들로 하여금 진리를 보고 깨달을 수 있도록 기도해 달라고 한 것과 같은 원리이다. 성경은 '두세 사람이 그리스도의 이름으로 모인 곳에 예수님도 함께 할 것'이라고 말했고, 또한 '우리가 땅에서 매면 하늘에서도 매이고 땅에서 풀면 하늘에서도 풀린다'고 말했다. 그러므로 이러한 약속을 지닌 우리는 모일 때마다 합심해서 기도하고 흩어지면 불신자들을 위해 중보기도함으로 하나님의 도우심을 구해야 한다. 이것을 소그룹 안에서 간단하게 적용해 보면 다음과 같다.

▶ 'VIP 멤버'를 3명씩 한 종이에 적는다.
▶그들을 위해 통성으로 기도하고, 한 명씩 자신의 대상자 3명을 위해 돌아가며 주님과 대화하는 식으로 기도한다.
▶마지막으로 기도하는 사람이 예수님의 이름으로 기도를 마친다.

중보기도하던 대상자들을 사교적인 행사나 소그룹 모임에 초대하는 것이 좋다. 이것은 하나님께서 우리의 기도에 어떻게 응답하시는지를 모두가 함께 볼 수 있고, 이를 통해서 모두에게 위로와 도전을 주기 때문에 매우 중요하다. 또한 VIP 회원들을 섬기고 그들과 함께 재미있는 시간을 가지는 것도 매우 유익한 방법이 될 수 있다. 가장 중요한 것은 그들이 하나님의 사랑과 메시지를 받아들일 수 있도록 마음이 열리는 것이다. 이를 위해 그들이 단순히 교회에 나오게 해 달라고 하는 것이 아니라 모임을 이끌 수 있는 리더로 세워지게 해 달라고 기도해야 한다.

특별히 새가족반에서 리더의 역할은 참으로 중요하다. 올바른 리더 없이는 새가족반이 성공하기 어렵기 때문이다. 그러므로 만약 20명의 불신 영혼을 전도하는 것이 목표라면 먼저 10명의 리더를 만들어 내야 한다. 그것이 순서이다. 불신 영혼을 당장 데리고 오기보다는 먼저 그들을 돌볼 리더를 세우는 것이 더 중요하다. 그리고 영혼을 달라는 기도를 할 때는 영혼을 잘 양육할 수 있는 리

> **Tip** 불신자 한 명을 데려오는 것이 목적이 되어서는 안 된다. 리더 한 사람을 키우는 것이 목적이 되어야 한다.

더를 함께 달라고 기도해야 한다. "주여 추수할 일꾼을 보내 주시
옵소서"라고 말이다.

소그룹 리더는 새신자들로 하여금 어디서든 항상 – 인도하고
자 하는 불신자들을 위하여 – 구체적으로 그리고 지속적으로 기
도하라고 격려해야 한다. 아울러 소그룹 내에서 모일 때에도 합심
으로 기도해야 하는데, 막연히 불신 영혼을 보내어 달라고 기도하
기 보다는 다음과 같은 구체적인 기도 제목을 가지고 기도하는 것
이 좋다.

① 그들이 예수님을 알고자 하는 열심이 생기
　도록
② 그들이 예수님께 응답하는 것을 방해하는
　모든 장벽이 제거되도록
③ 그들의 삶의 모든 영역이 축복받도록
④ 그들이 예수님을 실제로 경험할 수 있도록

『천로역정』 2부를 보면 순례자 '크리스치아나'는 기도를 함
에 있어서 두 가지 실수를 한다. 하나는 주인에게 순례의 길을 인

도할 안내자를 보내어 달라는 요구를 하지 않은 것이다. 그렇기에 그 주인은 그녀와 그 일행들에게 안내자가 필요함을 알면서도 보내 주지 않는다. 또 다른 실수는 나중에 그녀가 안내자의 필요를 깨닫고 그 주인에게 요구를 하지만 다음 장소까지만 안내할 안내자를 보내 달라고 요구한 것이다. 그래서 주인은 안내자에게 다음 장소까지만 안내하고 돌아올 것을 명한다. 그녀는 나중에야 순례의 길을 마칠 때까지 인도해 줄 것을 주인에게 다시 한 번 간구하였고, 그 주인은 안내자로 하여금 마지막까지 동행하게 한다.

하나님은 우리가 구하지 않은 것은 주지 않으신다. 그것은 '만약 하나님께서 우리가 구하지 않은 것까지도 주실 경우 그 소중함을 알지 못하기 때문' 이다. 이처럼 우리가 불신자들을 보내 달라고 기도하지 않으면 하나님께서는 영혼을 보내어 주지 않으신다. 기도도 하지 않았는데 보내어 준다면 어떻게 우리가 온 천하보다 귀한 한 영혼의 소중함을 알 수 있겠는가?

필요를 채워 줌으로서 관계를 형성하기

기도하는 것이 중요하기는 하지만 그것으로 우리의 할 일이 모두 끝나는 것은 아니다. 우리는 매주 VIP 회원들과 한 번 이상 만나야 한다. 예를 들면 식사를 함께 하는 것이다. 될 수 있으면 교외로 나가거나 먼거리를 오가며 많은 이야기를 나누는 것이 좋다.

> "자녀들아 우리가 말과 혀로만 사랑하지 말고 오직 행함과 진실함으로 하자"(요일 3:18).

소그룹 리더는 새신자들이 불신자들의 필요를 채워 주고자 노력하는지 반드시 점검해야 한다. 불신자들의 필요를 채워 준다는 것은 그들이 배고프면 함께 식사하고, 옷이 필요하면 옷을 사 주며, 이야기를 들어 주어야 하면 정성껏 이야기를 들어 주는 것을 말한다. 여의도 순복음교회의 조용기 목사는 교인들에게 이렇게 도전을 주었다고 한다. "사람들의 필요를 찾아서 그 필요를 채워 주십시오. 산모에게 음식을 갖다 주십시오. 입원한 이웃 사람의 집 안 일을 돌봐 주십시오. 직장 동료의 어려움을 도와주십시오. 예수 님의 사랑을 실제 행동으로 보여 주십시오." 우리가 이렇듯 구체 적인 계획과 실천으로 불신자들을 진심으로 도와 줄 때 하나님께 서 그들의 마음을 여시고 그들이 복음에 반응하게 될 것이다.

소그룹에서 팀으로 전도하기

전도는 결코 혼자 하는 것이 아니다. 함께 하는 것이다. 그리 고 한 번에 끝나는 '사건' 이 아니라 계속되는 '과정' 이다. 따라서 혼자서 하는 것보다 팀으로 함께 기도하고 전도하는 것이 훨씬 효 과적인 것은 당연한 사실이다. 이것이 바로 예수님께서 제자들을 팀으로 보내시고 그들로 하여금 서로 협력하도록 하신 이유이다.

"너희가 넉 달이 지나야 추수할 때가 이르겠다 하지 아니하 느냐 내가 너희에게 이르노니 눈을 들어 밭을 보라 희어져 추수하게 되었도다 거두는 자가 이미 삯도 받고 영생에 이 르는 열매를 모으나니 이는 뿌리는 자와 거두는 자가 함께

즐거워하게 하려 함이니라 그런즉 한 사람이 심고 다른 사
람이 거둔다 하는 말이 옳도다 내가 너희로 노력지 아니한
것을 거두러 보내었노니 다른 사람들은 노력하였고 너희는
그들의 노력한 것에 참예하였느니라"(요 4:35~38).

소그룹은 함께 기도하고 함께 행동하기 때문에 불신자에게
보다 효과적으로 접근할 수 있다. 그 구체적인 이유로는 첫째, 혼
자가 아니라 여럿이 전도하는 것이 불신자가 예수님을 구주로 영
접하는 것에 더 많은 영향력을 미칠 수 있다. 그는 다른 그리스도
인들을 통해 그리스도를 볼 수 있고 또 모두의 관계에서 그리스도
를 볼 수 있다. 둘째, 가장 흔한 전도 장애물들이 극복되기 때문이
다. 개인적으로 만날 때 느끼는 두려움이 팀에 의해서 해결되는
경우가 많다는 것이다.

따라서 불신자에게는 혼자 다가가는 것보다는 기존 신자 두
세 명이 함께 다가가는 것이 좋다. 즉 불신자에게 기존 신자를 소
개시켜 주는 것이다. "제 친구인데 사업하는 데 도움이 될 것입니
다." "친한 친구인데 만나 보면 참 좋은 사람이라는 것을 알게 될
것입니다." 이렇게 팀원들이 함께 관계를 갖고 난 후에 교회로 불

신자를 초대한다면 그 불신자로서는 아는 얼굴이 많아 심적으로 안심하고 그룹에 잘 적응할 수 있는 것이다. 이같이 그리스도인 들이 함께 전도할 때, 사람들을 그리스도께 인도하는 일이 더욱 효과적으로 성취될 수 있다. 어떤 의미에서 사실 우리가 할 일은 기도하고, 하나님이 우리에게 어떠한 지시를 내리시는지 기다리 는 것이다. 그리고 그 지시에 순종하고 결과는 하나님께 맡기는 것이다.

소그룹 안에서 두려움 해결하기

개인적인 두려움	팀에 의한 해결책
내 신앙을 그들과 공유하기 위해 어떻게 시작할 것인가?	그룹 행사에 그들을 초대하라.
내가 좋은 증인이 아니라면 어떻게 할 것인가?	당신의 팀의 기도로 도움을 받을 수 있다.
그들이 필요로 할 때에 내가 거기에 없다면 어떻게 할 것인가?	그들을 사랑하고 봉사할 다른 그리스도인들도 있다.
내가 그들의 모든 질문에 대답할 수 없다면 어떻게 할 것인가?	그들의 관심사를 들어 주고 대답을 줄 수 있는 다른 사람들이 있다.
그 사람이 그리스도인이 된다면 어떻게 할 것인가?	세심하게 돌보는 가족처럼 그룹이 그들을 양육할 것이다.

신약성경에는 자생적인 복음 증거에 관한 예가 많이 등장한
다. 지식적 교육이나 체계적 훈련, 매스컴, 교회 건물, 공연, 방송
녹화와 같은 것들이 없어도 신약교회는 세계를 흔들었다. 그들의
방법은 우리의 시각으로 보면 조직적이지 않아서 우연히 만들어
진 결과인 것처럼 보인다. 그렇다면 신약교회가 그렇듯 폭발적으
로 성장할 수 있었던 이유는 무엇인가?

> "내가 비옵는 것은 이 사람들만 위함이 아니요 또 저희 말을
> 인하여 나를 믿는 사람들도 위함이니 아버지께서 내 안에,
> 내가 아버지 안에 있는 것같이 저희도 다 하나가 되어 우리
> 안에 있게 하사 세상으로 아버지께서 나를 보내신 것을 믿
> 게 하옵소서 내게 주신 영광을 내가 저희에게 주었사오니
> 이는 우리가 하나가 된 것같이 저희도 하나가 되게 하려 함
> 이니이다 곧 내가 저희 안에, 아버지께서 내 안에 계셔 저희
> 로 온전함을 이루어 하나가 되게 하려 함은 아버지께서 나
> 를 보내신 것과 또 나를 사랑하심같이 저희도 사랑하신 것
> 을 세상으로 알게 하려 함이로소이다"(요 17:20~23).

이것은 예수님의 마지막 기도 가운데 하나이다. 우리는 이 말
씀에 순종하며 먼저 교회 안에서 서로 하나가 되어야 한다. 이전

에 있었던 수많은 부흥의 역사들을 연구해 보면 그들은 복음을 들고 밖으로 나간 것이 아니라 그들 안에서 먼저 그리스도의 사랑으로 하나가 되었음을 알 수 있다. 안에서 이루어진 사랑이 밖으로 표출될 때 부흥의 역사가 일어났던 것이고, 이것이 바로 예수님의 마지막 기도의 응답이기도 하다. 그리고 우리 또한 이같이 할 때에 교회는 폭발적으로 증가할 것이다.

많은 사람들은 소그룹이 '공동체 생활'과 '복음 전파'라는 두 마리 토끼를 다 잡기는 힘들 것이라고 말한다. 이들은 '새로운 사람들이 들어올 때마다 모임의 흐름이 끊어지게 되고, 그만큼 서로 간의 신뢰는 약해진다'고 주장한다. 그러나 이것은 새로운 생명을 낳는 일보다는 현재의 상태를 유지하는데 만족하는 사람들의 이야기다. 살아 있는 것은 성장하게 되어 있다. 소그룹은 새로운 생명을 계속적으로 탄생시키며 성장하든지, 현재 모인 사람들끼리 만족하며 정체하든지 둘 중에 하나를 선택해야 하는 것이다. 진정한 소그룹은 그리스도의 생명을 경험하는 살아 있는 소그룹을 말하며, 그러한 소그룹에서의 전도는 그리스도 안에서 하나된 삶을 나누는 과정에서 자연스럽게 이루어지는 것이다.

이번 과를
통해서 **실천**
해야 할 **사항**

- 앞으로 기도하면서 지속적으로 돌볼 VIP 명단을 작성한다.
- 구원의 간증문을 나누었던 불신자에게 다른 그리스도인을 소개시킨다.
- VIP를 비롯한 불신 영혼들을 위한 기도제목을 소그룹원들끼리 나누고 모여 기도한다.
- 리더는 새신자가 이 모든 것을 실천할 수 있도록 점검하고 격려한다.

새신자들과 함께 할 수 있는 이야기

1. 여러분의 삶 속에 하나님의 사랑을 심어 준 사람은 누구인가?
2. 당신이 그리스도의 사랑을 가지고 친구나 가족들에게 다가갈 수 있는 실제적인 방법은 무엇인가?
3. 예수님을 믿으면 불신자와의 관계를 끊어야 한다고 생각하는가? 왜 그렇게 생각하는가?
4. 당신의 VIP는 누구인가?
5. 누구를 당신의 VIP에게 소개시켜 줄 계획인가? 그리고 어떻게 그들과 시간을 보낼 계획인가?
6. 당신의 소그룹이 진정으로 하나되기 위해 당신은 어떤 노력을 기울이고 있는가?

3과
사랑의 언약
우리에게 하신 하나님의 언약

2과를 통해
배운점

▶ 관계는 복음이 건너갈 수 있는 다리이다. 따라서 다른 그리스도인을 불신자에게 소개시켜 관계를 맺도록 하는 것은 그 다리를 더욱 견고히 하는 것이다.

▶ 전도는 대부분 친구나 친지 혹은 가족과의 관계를 통해서 이루어진다.

▶ 전도는 혼자하는 것보다 소그룹으로 함께 할 때 더 많은 열매를 맺는다.

▶ 전도는 많은 시간을 필요로 하고, 나와 관계 있는 사람에게 하는 것이며, 여러 사람들과 함께 많은 시간을 사용하여 하는 것이다.

▶ 리더는 불신자보다 새로운 리더 한 사람을 세우는 것에 더 많은 관심을 가져야 한다.

이번 과의
목 적

1) 새신자가 간증문을 읽어 준 불신자에게 다른 그리스도인을 소개했는지 점검한다.

2) 하나님의 사랑을 함께 나눌 사람을 결정한다.

3) 하나님께서 우리와 맺은 언약을 올바로 이해한다.

4) 공동체 안에서 하나가 되는 것이 그리스도의 사랑을 세상에 전하는 가장 좋은 방법임을 깨닫는다.

5) 소그룹 리더는 새신자들이 하나님의 사랑을 실천할 수 있도록 계획을 함께 세우고 격려한다.

언약이란?

아담과 하와가 처음 창조되었을 때, 이들은 모든 피조물 중에서 가장 존귀한 존재였다. 이미 그들은 더 이상 변화할 필요가 없는, 하나님과 올바른 관계를 맺는, 온전한 존재였던 것이다. 그러나 불행하게도 아담과 하와는 하나님의 특별한 사랑을 받은 자녀로서의 특권을 소홀히 하였고, 사탄은 그 틈을 타 그들에게 접근하여 유혹의 화살을 쏘았다. 그리하여 그들은 어리석게도 그 언약을 깨뜨렸고, 그 결과 그들은 에덴 동산에서 쫓겨났다. 우리는 여기에서 하나님이 주신 언약에는 특권과 함께 책임도 뒤따른다는 것을 알 수 있다.

Point 언약은 결혼 서약과 같은 것이다. 결혼식장에서 하나님과 하객들 앞에서 서로 부부임을 선언할 때 정식 부부로 인정됨과 동시에 또 다른 책임과 헌신이 그 부부에게 요구되는 것이다. 예수님이 원하시는 언약은 결혼 서약과 같이 자신을 온전히 바치는 서약이다. 왜냐하면 그분은 십자가 위에서 우리의 죄를 위하여 피를 흘리시는 값비싼 대가를 치르셨기 때문이다.

언약의 성격을 이해하기 위해서 이 이야기를 나누면 좋을 것 같다. 필자가 뉴욕에서 공부할 때였다. 우리집 앞에 채소가게가 있었다. 그 채소가게에는 일하는 아저씨가 있었는데, 그 아저씨는 하나님을 믿지 않았는데도 불구하고 항상 즐거운 마음으로 일하는 것이었다. 3년을 지켜보았는데 이 아저씨는 마약 중독자, 술 취한 사람, 욕하는 사람들을 상대하면서도 힘들어하는 기색이 하나도 없었다. 어느 날 기회가 생겨서 이분과 이야기를 나누게 되었다. 채소가게 아저씨는 미국에 온 지 10년이 넘었고, 10년 동안 한국에 있는 가족들에게 돈을 보내고 있다고 했다. 그리고 열심히 돈을 모은 덕분에 이제 한국에 집을 살 수 있을 정도가 되었고, 곧 한국으로 돌아갈 예정이라고 했다. 이 분은 자기만을 기다리는 사랑하는 아내와 자녀를 위해 10년을 고된 환경 속에서 참고 일해 왔다. 그는 하루에 14~15시간을 일하면서도 사랑하는 가족을 위해, 그리고 가장으로서의 책임을 다하기 위해 기꺼이 헌신한 것이었다.

이와 같이 언약을 맺은 사람은 상대방으로부터의 특별한 사랑과 축복을 받는 특권도 누리지만 책임과 헌

Tip 변함없이 하나님을 사랑하고 그분을 위해 사는 것! 이것이 예수님께서 맺기 원하시는 언약이다.

신의 의무도 이행해야 한다.

값으로 사심

하나님은 자신의 아들을 죽음 가운데 내어 주실 정도로 우리를 사랑하신다. 그렇기 때문에 우리가 때때로 주님의 손을 놓는다 할지라도 주님은 우리의 손을 놓는 일이 없으시다. 이것이 바로 주님과 우리와의 언약이다. 이 언약은 매우 신성한 것이며, 예수님의 피로써 보증되는 것이다. 따라서 우리의 값어치는 예수님의 피 값이며 생명인 것이다. 이것은 예수님 때문에 우리도 세상에서 가장 귀한 존재가 되었음을 의미한다.

앞서 이야기했듯이 언약은 신성한 것이며, 책임과 헌신을 요구하는 것이기 때문에 그 언약을 지키지 못했을 경우에는 거기에 상응하는 대가를 치러야 한다. 아담과 하와는 에덴 동산에서 하나님과의 언약을 지키지 못했고, 결국 그 대가를 죽음으로 치러야 했다. 그러나 사랑의 하나님께서는 즉시 그들의 생명을 취하는 대신 짐승의 가죽으로 아담과 하와의 옷을 지어 입히신 후 에덴 동산에서 쫓아내셨다. 이러한 짐승의 피와 대속적 죽음의 개념은 나중에 우리의 죄의 대가를 대신 치르실 예수 그리스도를 예표하는 것이었다.

언약과 피흘림에 대한 또 다른 예표는 구약의 제사 제도에서 나타난다. 즉 구약의 제사에 나타난 피흘림은 언약을 어기는 자에게는 이처럼 피흘림의 대가를 치러야 한다는 메시지가 내포된 것이었다. 그러나 이러한 형벌 역시 그리스도께서 십자가를 지심으로 완전히 해결하셨고, 이로써 이제 예수와 우리와의 새로운 관계, 곧 신랑과 신부의 관계라는 새로운 언약 관계가 체결되었다.

나에게 있어 아내는 참으로 귀한 사람이다. 나는 이 사실을 우리 아이가 탄생했을 때 더욱 깊이 깨달았다. 나의 아내는 내 자녀의 생명을 낳을 수 있는 유일한 사람이며, 또한 그 생명을 가장 잘 돌보고 성장하도록 양육할 수 있는 사람이기 때문이다. 나의 생명을 새롭게 탄생시키고 양육할 수 있는 유일한 사람이 바로 나의 아내인 것처럼, 예수님께 교회는 바로 그런 곳이다.

교회는 건물이 아닌 바로 영적으로 예수님의 신부가 된, 구원받은 나 자신을 말한다. 내가 그처럼 가치있고 소중한 존재라는 것이다. 그러므로 우리를 통해서 또 다른 영혼이 탄생되고 우리를 통해서 그들이 양육되어야 신랑되신 예수님이 가장 좋아하신다. 우리가 그리스도의 몸(교회) 안에 들어가 지체 역할을 감당할 때, 그리고 내 몸으로 인해 다른 지체가 세워져 갈 때, 마디마디가 서로 연합하여 그리스도의 몸을 이루고 거룩한 신부가 되는 것이다. 그러나 만일 우리가 그리스도의 몸의 일부가 되었음에도 팔이 작동되지 않거나 다리가 작동되지 않는 등 몸이 그 기능을 제대로 하지 않는다면 그 몸은 정상이 아니다. 마찬가지로 제대로 건강한 기능을 하지 못하는 교회는 장애를 안고 있는 비정상적인 교회인 것이다.

> "...그리스도께서 교회를 사랑하시고 위하여 자신을 주심 같이 하라 이는 곧 물로 씻어 말씀으로 깨끗하게 하사 거룩하게 하시고 자기 앞에 영광스러운 교회로 세우사 티나 주름 잡힌 것이나 이런 것들이 없이 거룩하고 흠이 없게 하려 하심이니라"(엡 5:25~27).

예수님은 교회가 그의 신부가 되기를 원하시고, 언약 안에 있기를 원하신다. 그는 우리와 함께 영원한 연합을 이루고, 우리의 삶 속에서 살기를 원하신다. 또 우리의 언약에 대한 보증으로 기꺼이 피를 흘리고자 하셨다. 그렇게 하심으로 예수님은 우리와 함께 기업을 나누셨던 것이다. 우리를 위한 그분의 희생으로 인하여 우리는 '칭의의 은혜'를 받았고, 약함 대신에 예수님의 강함을 덧입었다. 또 성경은 우리가 '값으로 산 바'되었다고 말한다. 그 값은 다름 아닌 예수님의 보혈의 값이다. 이렇듯 예수님이 보혈로 우리의 죄값을 치름으로 인해 우리는 그분의 순결한 신부가 될 수 있는 것이다. 그러므로 예수 그리스도를 주로 고백하고 그분의 언약 안에 있는 자들은 누구나 예수님 보시기에 깨끗하고 거룩하고 흠이 없는 교회이다.

> **Point** 결혼할 때 주례 목사님 앞에서 서로를 사랑할 것을 다짐하는 의미에서 "예"하는 것처럼 예수님은 지금 이 순간 바로 당신에게 제안을 하고 계신다. "당신은 예수님과 언약을 맺기를 원하는가?" 이 질문에 당신은 "예"라고 분명하게 대답할 수 있어야 한다.

새신자들은 교회에 오면 많은 내적 갈등과 두려움을 가지게 된다. 예수님을 처음 믿기 시작했을 때 기대했던 것과는 너무 다른 환경들과 사람들로 인해서 실망할 수도 있다. 그들이 그런 어려움을 이겨낼 수 있는 원동력은 예수님과의 언약을 분명히 이해하는 것이다. 『천로역정』에서 순례자 크리스챤은 '절망'이라는 거인에게 사로잡혀 순례의 길을 포기하고자 하였다. 이때 '절망'이라는 거인으로부터 크리스챤이 벗어날 수 있었던 것은 '언약'이라는 열쇠 덕분이었다. 이처럼 주님과의 언약만이 새신자들로 하여금 승리를 경험하게 하는 원동력이다. 언약을 맺는다는 것은 두 사람을 함께 결합하는 특별한 것이다. 그러므로 새신자에게 다음과 같은 질문을 해 보아라. "예수님은 당신과 함께 언약을 맺기로 선택하셨는데 당신은 이런 제안을 받아들이겠는가?"

하나님과 인간이 언약의 관계에 있다는 것은 다른 피조물과 인간과의 가장 큰 차이점 중 하나이다. 이 언약의 관계를 주도적으로 이루신 분은 인간이 아닌 하나님이시고, 인간으로 말미암아 깨어진 언약의 관계를 회복하기 위해서 주도적으로 일하신 분 역시 하나님이시다. 언약을 회복하기 위해 인간이 할 수 있는 일은 아무것도 없다. 다만 우리는 그분이 열어 놓으신 그 길을 걸어갈 것인가 말 것인가를 선택할 수 있을 뿐이다. 하나님은 우리에게 다른 피조물과 달리 스스로 결정할 수 있는 의지와 자유를 주셨다. 다만 어떠한 결정을 하든 그 결과에 대한 책임은 우리가 감당해야만 한다.

19세기에는 포경선에서 고래를 잡을 때 고래를 향해 큰 작살을 쏘았다. 그러면 작살에 맞은 고래는 피를 흘리고 도망을 가는데, 작살을 쏜 배는 고래가 힘이 다 빠질 때까지 며칠이건 몇 주건 뒤쫓아 갔다. 그리고 고래가 힘이 다 빠지면 이때 배에 고래를 끌어 올린다. 예수님은 우리에게 사랑의 화살을 꽂으셨다. 우리는 처음부터 순순히 순종하고 따라가든지, 아니면 예수님 말고 다른 것에 마음을 뺏기고 방황하다가 상처 투성이가 되어, 탈진하고 지쳐서 할 수 없이 그 사랑에 끌려가든지 두 길 중의 하나를 선택해야 한다. 우리는 지금 예수님의 사랑의 화살에 꽂힌 사람들이다. 예수님의 흘리신 피로 성취된 이 언약은 그 어느 누구도, 심지어 죽음까지도 막을 수 없는 것이다.

하나님의 사랑의 언약

언약 안에 있다는 것은 언제든지 그분의 모든 사랑을 누릴 수 있다는 것을 의미하는 동시에 그 사랑을 베풀 수도 있다는 것을 의미한다. 그분은 언약 안에 있는 자를 두 팔을 벌리고 맞이할 준비를 하고 계신다. 우리가 그분의 그 크신 팔에 안김으로써 새 생명을 얻을 수 있다. 주님은 "나는 포도나무요 너희는 가지니 저가 내 안에 내가 저 안에 있으면 이 사람은 과실을 많이 맺나니 나를 떠나서는 너희가 아무것도 할 수 없음이라"고 말씀하셨다(요 15:5). 이 말은 우리가 그리스도 안에 거하지 않고는 아무것도 이룰 수 없으며, 아무것도 할 수 없다는 것을 뜻한다. 그리스도를 떠난 모든 일은 기름 없는 차를 움직이려는 것과 같으며, 전선을 연결하지 않고 믹서기를 돌리려는 것과 같다.

> "우리가 아직 죄인 되었을 때에 그리스도께서 우리를 위하여 죽으심으로 하나님께서 우리에게 대한 자기의 사랑을 확증하셨느니라"(롬 5:8).

우리를 너무나 사랑하시는 주님은 우리와 하나가 되고자 피 흘려 죽으셨다. 그리고 주님의 이 사랑의 끈을 끊을 수 있는 것은 아무것도 없다. 이러한 예수님의 무조건적인 사랑을 받는 것과 받지 않는 것은 삶에 엄청난 차이를 나게 한다.

예수님의 사랑을 경험할 수 있는 방법은 얼마든지 있다. 예수님은 나와 개인적으로 연결되어 있기 때문에, 우리가 그분과 올바른 관계를 맺을 때, 그분과 깊은 교제와 사귐이 있을 때 그 사랑을 더욱 깊이 체험하게 된다. 기도와 말씀은 그분을 향한 우리의 믿음을 더욱 강건하게 하고 그분의 뜻을 깊이 깨닫게 할 것이다.

Point 우리가 받은 사랑은 우리가 자격이 있어서 받은 것이 아니다. 하나님은 우리를 사랑하시겠다고 약속을 하셨고 그 약속을 지켜오셨다. 그리고 그 하나님은 우리가 하나님을 사랑하고 다른 이에게도 그 사랑을 나누어 주시기를 원하신다. 따라서 우리는 받은 이 사랑을 나누어 주어야 한다. 이 사랑은 거저 받은 것이기에 거저 나누어 주어야 하는 것이다(마 10:8).

소그룹 리더는 새신자들로 하여금 구체적이고 실제적인 방법으로 예수님의 사랑을 실천하도록 해야 한다. 먼저, 그 사랑을 실천할 대상을 정하도록 하고, 어떠한 방법으로 할 것 인지 함께 의논하고 함께 실행해가는 것이 중요하다. 한 개의 소그룹으로 실행하기 어렵다면 여러 소그룹이 함께 실행해 나가야 한다. 다시 한

번 강조하지만 새가족반의 모든 내용은 새신자가 경험하면서 배울 수 있도록 인도되어져야 한다. 이론에서만 그치는 새가족반은 기존의 새가족반과 별 다를 바가 없는 것이다.

이번 과를 통해서 실천 해야 할 사항

- 소그룹 안에서 서로의 필요와 어려움을 나누고, 소그룹 안에서 먼저 사랑을 실천하라.
- 이번 주에 하나님의 사랑을 나눌 수 있는 세 사람의 명단을 적어 보고 실천할 수 있는 구체적인 계획을 세우라.
- 새신자는 세웠던 계획을 실천하여 리더에게 보고한다.
- 리더는 새신자가 이 모든 것을 실천할 수 있도록 점검하고 격려한다.

새신자들과 함께 할 수 있는 이야기

1. 하나님께서 당신에게 이런 무조건적인 사랑을 베푸셨다는 것이 당신의 삶에 어떠한 변화를 가져오겠는가?
2. 하나님과 당신과의 관계는 견고하다고 생각하는가? 그렇지 않다고 생각하는가? 그렇다면 그 이유는 무엇인가?
3. 이번 주에 하나님의 사랑을 나눌 수 있는 세 사람의 명단을 적어 보라.
4. 그 세 사람에게 하나님의 사랑을 실천할 수 있는 구체적인 계획을 세워 보라.

4과
옛 죄의 습관을 깨뜨림

3과를 통해
배운점

▶ 하나님께서 우리와 맺은 언약은 결혼 서약과 같은 것이다. 이것은 우리에게 특권을 줌과 동시에 책임과 헌신을 요구한다.

▶ 세상에 하나님의 사랑을 전하는 가장 좋은 방법은 공동체 안에서 하나가 되는 것이다.

▶ 우리는 하나님으로부터 받은 사랑을 다른 이들에게 나누어 주어야 한다.

이번 과의
목 적

1) 새신자들이 하나님의 사랑을 다른 이들에게 어떻게 실천하였는지 점검한다.

2) 잘못된 죄의식과 패배의식으로부터의 자유를 경험한다.

3) 자신의 죄를 고백함으로써 옛 죄의 습관이 사라지는 것을 경험한다.

4) 리더는 새신자들로 하여금 영적인 싸움이 길고 고통스러운 과정이라는 것을 깨닫게 하고, 하나님을 의지함으로써 지속적인 승리를 할 수 있도록 돕는다.

죄의 습관을 깨뜨리는 하나님의 능력

하나님의 자녀로 새롭게 태어나는 자는 진정한 영적 자유를 경험하게 된다. 물론, 이런 경험을 하게 되기까지의 과정은 힘들고 어려울 수 있다. 예수님을 믿는다고 모든 죄와 실수와 허물로부터 완전히 자유로울 수는 없다. 도리어 사실 우리는 매 순간마다 우리 안에 있는 갈등, 죄, 더러운 습관들과 영적 전쟁을 치러야 한다. 그러나 그러한 때에도 우리가 잊지 말아야 할 것은 우리에 대한 예수님의 사랑만이 우리가 죄의 옛 습관을 극복하도록 도울 수 있다는 것이다.

예수님의 십자가를 경험할 때 비로소 우리는 옛 모습을 벗어버리고 새로운 본질인 예수님의 생명으로 변화될 수 있다. 서두에서 새신자들에게 소그룹에서 십자가의 사랑을 반드시 경험해야 한다고 강조했던 이유가 바로 여기에 있다. 우리 안에 있는 죄의 습관을 이기기 위해서는 십자가에서 흘리신 보혈의 능력을 단순히 아는 것만으로는 부족하다. 비록 성경적 지식이 없는 새신자라도 그가 예수님의 보혈의 능력을 마음속 깊이 경험한다면, 그 사람은 자신 안에 있는 죄의 습관을 십자가에 못 박을 수 있다. 이렇게 우리 안에 있는 죄의 짐을 십자가에 못 박아 벗어버린 뒤에는 날마다 예수님이 주신 새로운 생명으로 살아가도록 힘써야 한다. 그것은 나의 가치관과 기준으로 판단하고 행동하는 것이 아니라, 그분의 마음과 생각으로 판단하고 행동하는 것을 말한다.

> "하나님의 나라는 말에 있지 아니하고 오직 능력에 있음이라"(고전 4:20).

이렇듯 우리를 다시금 어둠으로 끌고 가며, 죄에서 벗어나지 못하게 하는 옛 습관과의 싸움을 '영적 전투'라고 하는데, 소그룹 리더는 이것이 새신자가 신앙 생활을 하면서 반드시 겪게 될 과정이라는 것을 깨닫도록 해야 한다. 또한 그 싸움은 인간의 능력으로는 이길 수 없으므로 새신자들이 주님을 의지할 수 있도록 도와야 한다.

우리의 영적인 싸움은 이미 시작되었다. 새신자가 되고, 그리스도인이 되면 이제는 죄를 지을 때 불편함과 죄의식을 느끼게 된다. 그 불편함과 죄의식이 바로 우리가 그리스도인이 되었다는 것

예수님은 - 십자가에서 피흘리신 희생으로 - 우리가 죄의 습관에서 벗어날 수 있는 길을 열어 놓으셨다. 하지만 그 길은 순탄한 길이 아니며, 끊임없이 영적 싸움이 계속되는 가시밭길이다. 그러므로 우리는 이 영적 싸움에서 이미 승리하신 예수님을 온전히 의지해야 한다. 그것만이 유일한 승리의 비결이다.

을 증명하는 것이며, 이미 영적 싸움이 시작되었음을 말해 주는 것이다. 지금도 사탄은 우리의 자존심과 약점을 이용하여 우리를 넘어뜨리려 하고 있다. 이미 예수님께서 우리에게 승리의 길을 열어 놓으셨음에도 불구하고 사탄은 그 사실을 감추고 우리로 하여금 다른 길로 가도록 유혹하고 있는 것이다.

"종말로 너희가 주 안에서와 그 힘의 능력으로 강건하여지고 마귀의 궤계를 능히 대적하기 위하여 하나님의 전신갑주를 입으라 우리의 씨름은 혈과 육에 대한 것이 아니요 정사와 권세와 이 어두움의 세상 주관자들과 하늘에 있는 악의 영들에게 대함이라 그러므로 하나님의 전신갑주를 취하라 이는 악한 날에 너희가 능히 대적하고 모든 일을 행한 후에 서기 위함이라 그런즉 서서 진리로 너희 허리 띠를 띠고 의의 흉배를 붙이고 평안의 복음의 예비한 것으로 신을 신고 모든 것 위에 믿음의 방패를 가지고 이로써 능히 악한 자의 모든 화전을 소멸하고 구원의 투구와 성령의 검 곧 하나님의 말씀을 가지라 모든 기도와 간구로 하되 무시로 성령 안에서 기도하고 이를 위하여 깨어 구하기를 항상 힘쓰며 여러 성도를 위하여 구하고"
(엡 6:10~18)

이 구절을 보면 우리를 죄에서 지키는 방어용 무기는 5개가 있는 반면에 공격용 무기는 1개뿐이라는 것을 알 수 있다. 왜 방어용 무기가 훨씬 많을까? 이것은 그만큼 마귀의 공격이 거세고 빈번하다는 것을 뜻한다. 그리고 잊지 말아야 할 것은 하나님께서 주신 방어용 무기 중에는 우리의 등을 보호할 수 있는 것은 없다는 것이다. 이것은 우리가 악한 세력에 등을 돌리고 도망가면 패배하기 때문에 절대 등을 돌려서는 안 된다는 것을 뜻한다.

악한 세력과 맞서 싸울 수 있는 유일한 공격용 무기는 성령의 검, 곧 하나님의 말씀뿐이다. 예수님이 광야에서 마귀의 시험을 하나님의 말씀으로 물리쳤던 것처럼 우리도 하나님의 말씀으로 마귀와 맞서 싸워야 한다.

"그런즉 너희는 하나님께 순복할지어다 마귀를 대적하라 그리하면 너희를 피하리라"(약 4:7).

스스로의 능력으로 영적 전쟁에서 승리하려 하지 마라. 우리의 힘으로는 그들을 결코 이길 수 없다. 그러므로 우리는 하나님을 의지해야 하며, 하나님은 어떠한 대가를 치르더라도 우리를 보호해 주시고, 우리를 대신하여 싸워 주실 것을 믿어야 한다. 이 전쟁은 우리에게 속한 것이 아니라 여호와께 속한 것이기 때문이다. 그러나 그렇다고 해서 싸우지 않고 가만히 앉아 있기만 하라는 것은 아니다. 그것은 믿음이 커서가 아니라 무책임하고 게으르며 아무것도 하지 않으려는 방종에서 비롯된다. 그렇다면 어떻게 해야 승리하는 싸움을 싸울 수 있는가?

죄를 회개하고 용서를 구함

영적 전쟁에서 승리하기 위한 필수 요소는 '하나님의 전신갑주'를 입는 것이다. 이를 위해서는 먼저 하나님 앞에 우리의 죄를 고백하고 용서를 구해야 한다. 죄를 회개하지 않고 죄를 품은 채 죄의 우두머리인 마귀를 대적하려 하는 것은 기름통을 안고 불 속에 뛰어 드는 것과 같다. 그러므로 영적 전쟁에 나서려는 자는 먼저 자신의 죄를 회개하고 하나님의 전신갑주를 입어야 한다. 그런데 죄를 회개하고 용서할 때도 공동체적인 요소가 필요하다는 것을 간과하지 말아야 한다. 다음 구절을 살펴보자.

> "만일 우리가 우리 죄를 자백하면 저는 미쁘시고 의로우사
> 우리 죄를 사하시며 모든 불의에서 우리를 깨끗케 하실 것
> 이요"(요일 1:9).

오늘날 많은 그리스도인들은 나와 하나님과의 일대일 관계만이 신앙 생활의 전부인 것으로 생각하는 경향이 있다. 하지만 위의 말씀에서 가장 많이 나온 말이 '우리' 라는 단어임을 간과해서는 안 된다.

신앙 생활은 영적인 군대라 할 수 있는 교회 안에서 모든 지체가 한몸을 이룰때 성장한다. 앞의 말씀에서 '내가 내 죄를 자백하면 저는 미쁘시고 의로우사 내 죄를 사하시며 모든 불의에서 나를 깨끗케 하실 것이요' 라고 말하지 않은 것은 우리 신앙의 중심

Point '나 혼자서도 신앙 생활을 잘 할 수 있다'고 주장하는 많은 그리스도인들은 자신의 사고방식을 공동체 중심으로 바꿔야 한다. 영적인 싸움은 결코 혼자 싸워서 이길 수 있는 것이 아니다. 군대 없는 군사가 존재할 수 없는 것처럼 교회가 없는 그리스도인은 있을 수 없다. 즉 공동체가 없는 그리스도인은 영적 싸움에서 이길 수가 없다.

이 '내' 가 아니라 '우리' 임을 강조하기 위해서다. 여기서 중요한 것은 '회개와 용서' 가 공동체 안에서 이루어진다는 것이다. 공동체 안에서 서로 죄를 고백하고 용서받음으로써 예수님을 내 안의 주인으로 인정하게 되는 것이다.

자신의 죄를 용서받는 것은 하나님으로부터 받는 것이기에 골방에서도 얼마든지 개인적으로 받을 수 있다. 그러나 진정한 치유를 원한다면 공동체 안에서 죄의 고백과 용서가 이루어져야 한다. 그러므로 서로의 연약함과 죄를 나누고 기도하라. 죄의 용서는 하나님과의 관계에서 해결되지만 상처의 치유는 사람과의 관계에서 해결되는 것이다. 예수님께서 주기도문에서 '우리를 시험

에 들지 말게 하옵시고, 우
리를(한글개역성경에서는
'우리'라는 말이 생략되어
있으나 영어 성경에서는
'우리'를 뜻하는 'us'가 삽
입되어 있다) 악에서 구하

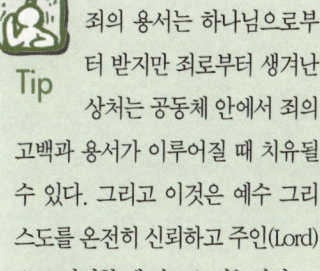

죄의 용서는 하나님으로부
터 받지만 죄로부터 생겨난
상처는 공동체 안에서 죄의
고백과 용서가 이루어질 때 치유될
수 있다. 그리고 이것은 예수 그리
스도를 온전히 신뢰하고 주인(Lord)
으로 인정할 때 비로소 가능하다.

옵소서'라고 말씀하신 의
미도 바로 이것이다. '**우리**'라는 말의 강조를 통해 공동체 안에서
의 죄의 고백과 상처 치유에 대해 말씀하셨던 것이다.

그러므로 해결되지 않은 죄와 그로 인해 회복되지 않은 주님
과의 관계, 이 모든 것들이 소그룹 안에서 회복되어야 한다. 예를
들어, 물질관계에 있어서 하나님과 바른 관계를 맺지 못하고 하나
님을 신뢰하지 못했던 것, 성적인 유혹에 타협했던 것, 아버지로
서, 목사로서, 어머니로서, 집사로서 올바로 주님을 섬기지 못했
던 것 등이 있다면 이것을 공동체 안에서 구체적으로 인정하며 고
백하고 용서를 구해야 한다.

이것은 '하나님은 나의 죄를 용서해 주시고 나를 구원하여 주

시는 구세주입니다' 라고 입으로만 고백하는 것이 아니라 내 삶을 예수님께 온전히 맡기고 그분을 내 삶의 주인으로 인정해야 함을 뜻한다. 그리고 그러한 삶을 위해 소그룹 역시 사람의 평가나 손가락질을 의식하지 않고 이 모든 것을 소그룹에서 함께 나눌 수 있는 분위기가 형성되어야 한다.

하나님을 의지함

만일 당신이 소그룹의 리더라면 믿음을 가지고 과감하고 솔직하게 자신의 연약함을 새신자 앞에서 고백하고 이를 위해 기도해 줄 것을 부탁하라. 당신이 먼저 모범을 보이고, 당신이 먼저 하나님의 능력을 경험하지 않으면 그들이 하나님의 능력을 경험하도록 돕는 것은 불가능하다. 당신이 솔직한 본을 보이지 않는다면 새신자들은 평생 가면을 쓰고 자신의

> **Tip**
> 단순히 죄를 나누고 기도한다고 해서 모든 것이 다 해결되는 것은 아니다. 그것은 단지 시작일 뿐이다. 매일매일의 삶을 그분께 드리고 나를 부인할 때 비로소 자유를 경험하게 된다.

어려움을 고백하지 않을 수도 있다.

우리는 하나님 앞에서든, 사람 앞에서든 우리의 모습을 구체적이고 정직하게 고백해야 한다. 성적으로 유혹받는 것, 물질적으로 유혹받는 것, 사람과의 관계에서 시험 받는 것, 그동안 힘들고 괴로웠던 일들을 구체적으로 나눌 수 있어야 한다. 예를 들면 아버지로서, 어머니로서, 집사로서, 목사로서, 자녀로서 우리의 위치에서 타인에게 상처를 주고 함부로 했던 것들을 나누어야 한다.

물론 자신의 죄와 유혹, 연약함을 공동체 앞에, 그리고 자신이 인도하는 소그룹의 그룹원들 앞에서 솔직하게 고백하는 일이 쉬운 일은 아니다. 우리가 죄를 고백함에 있어서 하나님의 도우심을 의지해야 하는 이유가 여기에 있다. 마귀는 계속해서 우리의 나눔과 교제를 방해하려 하며, 따라서 이것 역시 우리가 싸워야 할 또 다른 영적 전쟁이라 할 수 있다. 그러므로 하나님을 의지하라. 우리 삶의 모든 영역이 하나님의 도우심을 필요로 하는 것처럼 나눔과 고백 역시 하나님의 도우심을 필요로 하며, 우리의 나눔이 단순한 나눔으로 끝나서는 안 된다. 솔직히 나눈 후에는 함께 기도해야 한다. 문제를 안고 있는 사람이 있다면 하나님께서 그 문제를 해결해 주시도록 간절히 기도하라. 기도할 때 우리 자신의 능력이 아니라 하나님의 능력을 의지하는 겸손함을 가져야 한다. 인생을 치유하시는 하나님의 능력이 아니고는 그 어떤 인간의 노력이나 능력으로도 사람을 세우거나 상처를 치유할 수 있는 길이 없음을 명심하라. 그러므로 베드로가 생애 말년에 젊은이들에게 쓴 편지의 내용은 오늘날 우리 모두에게 해당하는 것이다.

> "그러므로 하나님의 능하신 손 아래서 겸손하라 때가 되면 너희를 높이시리라 너희 염려를 다 주께 맡겨 버리라 이는 저가 너희를 권고하심이니라 근신하라 깨어라 너희 대적 마귀가 우는 사자 같이 두루 다니며 삼킬 자를 찾나니"(벧전 5:6~8)

여기서 베드로는 우리에게 하나님 앞에 겸손하며, 근신하고 깨어 있을 것을 명한다. 원수는 우리가 가장 약한 순간에 우리를 공격한다. 우리가 약해지는 때는 스스로의 능력을 의지

Tip

주님, 이제는 지쳤습니다. 예수님을 믿는다고 하지만 여전히 변하지 않고 있는 내 모습에 이제는 지쳤습니다. 저 자신의 힘으로 예전의 죄악된 모습을 끊어 보려고 몸부림쳐 봤지만 아무런 소용이 없었습니다. 하지만 이제는 더 이상 발버둥치지 않겠습니다. 주님께 두 손을 들고 나아갑니다. 나의 삶을 주님께 드립니다!

하는 때이며, 우리가 넘어지는 때는 자신의 능력을 자랑하는 때이다. 그러므로 '교만' 과 '불순종' 의 때에 우리를 넘어뜨리려 하는 사탄의 공격에 우리가 무너지지 않고 승리하려면 오직 '겸손' 과 '하나님을 의지함' 으로 맞서야 한다. 이것이 영적인 전쟁, 곧 죄와의 싸움에서 이기는 방법이다. 이렇듯 그리스도인이 '겸손' 과 '하나님을 의지함' 으로 무장하면 그 스스로 싸움에서 이기기를 포기하지 않는 이상 아무도 그를 정복하지 못한다.

> "그런즉 너희는 하나님께 순복할지어다 마귀를 대적하라 그리하면 너희를 피하리라 하나님을 가까이 하라 그리하면 너희를 가까이 하시리라 죄인들아 손을 깨끗이 하라 두 마음을 품은 자들아 마음을 성결케 하라 슬퍼하며 애통하며 울지어다 너희 웃음을 애통으로, 너희 즐거움을 근심으로 바꿀지어다 주 앞에서 낮추라 그리하면 주께서 너희를 높이시리라" (약 4:7~10).

이번 과를 통해서 실천 해야 할 사항

- 소그룹 안에서 서로의 죄를 고백하고 함께 기도하라.
- 옛 죄의 습관으로부터의 치유를 경험 했다면 그것을 새신자들과 나누라.
- 리더는 새신자가 이 모든 것을 실천할 수 있도록 점검하고 격려하라.

새신자들과 함께 할 수 있는 이야기

1. 아직까지 버리지 못한 옛 죄의 습관은 무엇인가?
2. 예수님을 통해 벗어버린 옛 죄의 습관이 있는가? 그렇 다면 그것은 무엇인가?
3. 살아가면서 죄 때문에 갈등을 겪을 때 어떻게 하는가?

5과
죄 사함의 선포

4과를 통해 배운점

- ▶ 예수 그리스도를 믿으면 옛 죄의 습관들과의 갈등이 생기고 싸움이 시작된다. 이것이 바로 영적 전쟁이다.
- ▶ 우리 안에 있는 죄와의 싸움은 하나님의 능력을 통해서만 이길 수 있다.
- ▶ 하나님의 전신갑주를 입기 위해서는 '회개와 용서'를 경험해야 한다.
- ▶ 영적 전쟁은 혼자 싸우는 것이 아니라 공동체를 통해서 싸우는 것이다. 죄 사함은 하나님을 통해 받지만 참된 치유는 공동체를 통해 경험하게 된다.
- ▶ 영적인 싸움의 승리는 '겸손함' 과 '하나님을 의지함' 으로 가능하다.

이번 과의 목적

1) 새신자들이 서로의 죄를 고백하고 함께 기도하였는지 점검한다.
2) 예수 그리스도를 나의 주인으로 인정하고, 그것을 공식적으로 선포한다.
3) 자신의 주재권이 예수 그리스도께 있음을 고백하고 세례를 받는다.
4) 세례식 때 불신 친구를 초대하여 그들에게 자신의 신앙을 선포한다.

예수님의 세례

세례는 우리 삶의 모든 영역에 예수님을 주인으로 모실 것을 공적으로 선포하는 의식으로서 신앙 생활의 중요한 과정 중 하나이다. 즉 자아 중심으로 살았던 옛 본질이 예수님 중심의 삶을 사는 새 본질로 바뀌었음을 선포하는 의식이다. 이 선포는 마치 지금까지는 나 혼자 살았지만 이제는 군인이 되어 군대의 명령에 철저히 순종하겠다는 것과 같은 의미이다.

미국의 새들백 교회에서는 세례식 때 불신자 친구들을 다 초대한다고 한다. 그 이유는 '이제부터 예수님은 나의 주인이시고 나는 그분의 다스림 속에 있겠다'는 것을 친구들과 회중 앞에서 공식적으로 선포하기 위해서이다. 이처럼 세례는 많은 사람 앞에서 '나의 주인은 내가 아니라 바로 예수님'이라는 것을 선포하는 것이고, 또한 교회 공동체 안의 한 지체로서의 삶을 살아갈 것임을 선포하는 것이다.

"예수께서 세례를 받으시고 곧 물에서 올라 오실새 하늘이 열리고 하나님의 성령이 비둘기 같이 내려 자기 위에 임하심을 보시더니 하늘로서 소리가 있어 말씀하시되 이는 내 사랑하는 아들이요 내 기뻐하는 자라 하시니라"(마 3:16~17).

하나님은 요한에게 세례를 받고 물에서 나오시는 예수님을 향해 '이는 내 사랑하는 아들이요 내 기뻐하는 자'라고 말씀하셨다. 이처럼 세례 받으시는 예수님을 향해 '이는 내 아들이다'라고 공개적으로 선언하신 하나님은 우리가 세례를 받을 때도 동일하게 우리가 하나님의 자녀임을 공개적으로 선포하신다. 또한, 예수님이 세례를 통해 자신의 정체성과 사명을 드러내신 것처럼 우리에게도 세례는 우리의 사명과 정체성을 모든 사람에게 선포하는 중요한 의식이다. 그리스도인이 되어 예수를 구주로 고백한 새신자가 모든 사람 앞에서 자신의 믿음을 고백하며 공적인 세례를 받아야 하는 이유가 바로 여기에 있다. 그렇다면 구체적으로 세례란 무엇인가?

세례의 정의

세례는 물에 잠김(혹은 씻김)으로써 그리스도와 함께 죽고, 장사되고, 부활함을 상징하는 것이다. 그것은 우리 자신을 그리스도의 주재권 아래에 둔다는 것을 외적으로 드러내는 행위인 동시에, 새로운 출생(거듭남)에 대한 공적인 선언이다. 또한 그것은 예수님께서 우리를 위해 희생당하셨다는 것을 인정하고 우리가 그분과의 언약 관계로 들어감을 보여 주는 것이다.

예수님의 제자가 되는 길은 쉬운 길이 아니었다. 그 길은 이세상을 다 포기하지 않으면 결코 따를 수 없는 길이었다. 예수께서 제자로 삼으시고 세례를 베푼 자들은 모두 이런 좁은 길을 자원하고 결심하는 자들이었다. 곧 "예수님께서 시키신 대로 지금다 포기하라고 하시면 포기하겠습니다. 죽으라면 죽겠습니다"라고 결심하며 따라오는 사람에게만 세례를 주었던 것이다. 그러나 오늘날에는 이런 강한 도전 없이 구원의 확신만 있으면 세례를 주고 있기에 세례에 대한 감격이 많이 상실되었다. 리더들은 예수님 시대의 제자들과 초대교인들에게 있었던 강한 도전이 새신자들에게 있는지 점검하고, 그런 결심을 한 사람들만 세례를 받도록하는 것이 바람직하다.

> **Tip** 우리는 구원받았음을 고백하는 것으로 신앙이 자란다고 생각하면 안 된다. 나의 삶의 주인은 예수님이며, 내 판단과 내 생각, 내 옛 본질은 모두 그리스도와 함께 장사되었고, 이제는 예수님의 명령에 순종하며 살겠다는 의식을 새신자들이 가지게 되었을 때 그들로 하여금 세례를 받도록 해야 할 것이다.

세례는 이제 옛 사람의 모습을 벗어버린다는 의미일 뿐만 아니라 우리가 그리스도 안에서 새로운 피조물로 살아가겠다는 의미이기도 하다. 따라서 그들에게 세례를 주는 것은 인생의 전환점을 갖게 하는 매우 중요한 것이다.

사도행전 2장에서 베드로는 예루살렘에 모여든 무리를 향해 예수님께서 우리의 죄로 인하여 십자가에 못 박혀 돌아가셨다고 선포하였다. 이에 '그 말을 받은 무리들이 **세례**를 받고 **제자**의 수가 삼천이나 더 하였다'(41절)고 성경은 말한다. 즉, 삼천 명의 무리들이 '세례'를 받음으로써 예수님의 '제자'가 된 것이다. 이와 같이 '세례'는 단순한 믿음의 고백이 아니라 예수 그리스도를 인생의 주인으로 섬기는 '제자'가 되겠다고 고백하는 의식이다.

세례의 상징

세례는 그리스도의 죽으심과 부활을 상징한다. 이것은 우리가 세례 받을 때 우리의 옛 습성이 예수님과 함께 죽고 예수님의 부활하심같이 새로운 생명을 덧입어 새로운 삶을 삶게 되었음을 뜻한다. 그렇다면 무엇이 죽고 무엇이 다시 태어난다는 것인가? 또한 그것이 나에게 주는 의미는 무엇인가? 그것은 한 마디로 이제 나는 죽고 지금부터 내 안에 예수님께서 사신다는 것을 의미한다. 또한 "내가 그리스도와 함께 십자가에 못 박혔나니 이제는 내가 산 것이 아니오 오직 내 안에 그리스도께서 사신 것이라"는 바울의 고백이 곧 나의 고백이 되는 것임을 뜻한다. 로마서 6장 4절에서 11절은 다음과 같이 말하고 있다.

"그러므로 우리가 그의 죽으심과 합하여 세례를 받음으로 그와 함께 장사되었나니 이는 아버지의 영광으로 말미암아 그리스도를 죽은 자 가운데서 살리심과 같이 우리로 또한 새 생명 가운데서 행하게 하려 함이니라 만일 우리가 그의 죽으심을 본받아 연합한 자가 되었으면 또한 그의 부활을 본받아 연합한 자가 되리라 우리가 알거니와 우리 옛 사람이 예수와 함께 십자가에 못 박힌 것은 죄의 몸이 멸하여 다시는 우리가 죄에게 종노릇 하지 아니하려 함이니 이는 죽은 자가 죄에서 벗어나 의롭다 하심을 얻었음이니라 만일 우리가 그리스도와 함께 죽었으면 또한 그와 함께 살 줄을 믿노니 이는 그리스도께서 죽은 자 가운데서 사셨으매 다시 죽지 아니하시고 사망이 다시 그를 주장하지 못할 줄을 앎이로라 그의 죽으심은 죄에 대하여 단번에 죽으심이요 그의 살으심은 하나님께 대하여 살으심이니 이와 같이 너희도 너희 자신을 죄에 대하여는 죽은 자요 그리스도 예수 안에서 하나님을 대하여는 산 자로 여길지어다"(롬 6:4~11).

Point

세례는 '죄의 종'으로 살았던 옛 모습을 버리고 예수님을 따르는 '주의 종'으로 거듭나겠다고 하는 신앙고백이다. 이것은 이제 우리의 본질이 예수 그리스도로 바뀌었음을 의미한다.

우리가 주님 안에서 세례를 받을 때, 그 세례는 '예수님께서 나의 모든 죄를 씻어 버리셨음을 인정한다'는 고백을 포함한다. 그분은 우리의 죄짐을 대신 지시고 십자가에 달리셨다. 우리의 어깨에 있던 그 무거운 짐을 벗겨 주시고 당신이 대신 지신 것이다.

이것은 예수 안에 있는 자에게 결코 정죄함이 없다는 것을 말하며 우리가 죄를 짓더라도 그것이 우리를 죄의 노예로 전락시키지 못한다는 것을 말한다.

예수님 시대에 노예는 사람이 아닌 물건에 불과했다. 돈을 주고 노예를 사서 일을 시키다가 병들거나 다치면 망가진 물건을 버리듯이 죽이거나 버리는 것이 당연하게 받아들여졌던 시대였다. 이처럼 죄의 노예라는 것은 철저히 죄에 얽매여 있는 무력한 상태를 의미한다. 그러나 세례를 받음으로 우리는 죄에 대해서 "NO"라고 말할 수 있는 자유를 얻게 되었다.

새신자가 세례를 받기 전에 소그룹 리더는 새신자의 삶이 하나님 중심인지 자기 중심인지를 살펴보아야 한다. 자기 중심적이고 자기 생각과 능력을 의지하는 사람은 아담과 하와가 하나님과의 언약을 깨뜨린 후 그랬던 것처럼 스스로 선악을 판단하는 사람이다. 따라서 당신이 소그룹 리더라면 다음과 같은 질문으로 새신자들의 신앙을 점검해 보라.

• 내 안에 의로운 본질과 악한 본질이 공존한다고 보는가?

• 여전히 죄를 사랑하는가?
• 내가 어떤 헌신과 봉사를 하느냐에 따라 나의 신분이 달라진
 다고 보는가?

이 질문에 "Yes"라는 답이 하나라도 나온다면 그 사람은 아직도 자신의 주재권이 누구에게 있는지 분명하지 않은 사람이다. 예수님을 믿고 난 후에도 죄악된 성품은 우리 안에 여전히 존재한다. 하지만 그럼에도 불구하고 우리 안에 심겨진 예수 그리스도의 의로운 본질이 사라지거나 없어지는 것은 아니다. 그 새로운 본질은 변함이 없다. 단지 우리가 아직 완전히 그 새로운 본질에 사로잡혀 살고 있지 못할 뿐이다.

그러므로 이렇게 새로운 본질로 거듭난 자는 이전과는 달리, 연약한 육신으로 인해 어쩔 수 없이 죄를 짓기는 하나 그 죄 자체를 사랑하는 것이 아니라 미워하게 되어 있다. 우리가 의인의 모습으로 거듭난 것이기에 의로운 삶을 살 수 있는 것이지 의로운 행동을 한다고 의로워지는 것이 아니다. 그러므로 우리가 거듭날 때 우리의 본질도 새롭게 바뀌며, 다만 행동은 그 본질이 겉으로 드러난 열매일 뿐이다. 비록 지금은 죄의 열매가 많으나 의의 본

질에 따라 선하고 거룩한 열매가 더욱 풍성하고 많아지게 된다. 이 사실을 분명히 인식하고 있는 새신자라면 그 사람은 세례를 받을 준비가 된 것이다.

주재권을 예수님께 맡기기

누구든지 하나님의 도우심 없이 자신의 힘만으로 살려고 한다면 실패할 수밖에 없다. 그러므로 자기의 주재권을 주님께 맡기지 않은 채 변화된 삶을 기대하는 것은 어리석은 일이다. 삶의 변화는 자신의 주재권을 예수님께 맡기는 것에서 시작된다. 또한 성실한 삶이라고 해서 무조건 하나님께서 기뻐하시는 삶이라고 할 수도 없다. 예수 그리스도와는 상관없이 순수 휴머니즘만을 가지고 아프리카에서 봉사하는 사람들이 얼마나 많은가? 그러나 그들의 삶은 하나님께서 기뻐하시는 삶이라고 할 수 없다. 비록 그 일 자체가 하나님께서 기뻐하시는 일이라 할지라도 그들은 자신이 주인이 되었고 자신의 힘으로 살아가는 것이기 때문이다.

그러므로 중요한 것은 우리가 '어떤 일을 하는가' 가 아니라 '우리 삶의 주인이 누구인가' 하는 점이다. 내 스스로의 능력이 아니라 내 안에 계신 그리스도의 힘으로 살아가는 것이 중요하며, 그럴 때 그 삶이 하나님께서 기뻐하시는 삶이 되는 것이다. 따라서 새신자들의 삶이 자기 중심적인가 아니면 하나님 중심적인가를 살펴보는 것은 세례를 받기 전에 행해야 할 가장 중요한 과정 중 하나이다.

Point

우리는 새신자에게 구원의 확신이 있는 것으로 만족해서는 안 된다. 그들로 하여금 예수님을 죄의 형벌에서 건져 주신 나의 구원자로 고백할 뿐만 아니라 내 모든 삶의 주인으로 고백하게 하는 것이 더욱 중요하다. 믿는 것과 믿음대로 사는 것은 다르기 때문이다.

나 중심의 삶이라는 것은 나의 쾌락, 만족, 유익을 위해 사는 삶을 말한다. 많은 그리스도인들이 그리스도를 영접했지만 주일에만 주님께 왕관을 씌워 드리고 평소에는 내가 왕관을 쓰고 내 뜻대로 살아가고 있다. 예배를 드리고 교회 밖으로 나오면서 속으로 '예수님 안녕히 계세요' 라고 인사한다는 우스개 소리처럼 대부분의 사람들은 교회 안에서만 '그분은 나의 구세주요 주인이시다' 라고 고백하곤 한다. 그리고 이 사람들은 자신의 힘을 의지하여 살면서도 자신이 주를 위해 희생하고 있다고 생각한다. 이같은 사람들은 자신의 인생을 자기 스스로가 주관하고 다스리기 위해서 신앙을 이용하는 것 뿐이다. 그러나 세례는 '나의 삶 속에서 나를 부인하겠다' 는 의미를 포함한다. 즉 내 마음을 온전히 주님 앞에 드리겠다는 것이다. 이러한 삶을 살기 위해서는 부단한 노력이 필요하다. 늘 주님의 뜻을 물으면서 주님께서 내 삶을 다스려 주시기를 기도해야 하는 것이다. 여기서 중요한 것은 '내가 주를 위해 뭔가를 하는 것이 아니라 주가 내 안에서 일하시도록' 나를 부인하는 것이다.

> "수고하고 무거운 짐진 자들아 다 내게로 오라 내가 너희를 쉬게 하리라 나는 마음이 온유하고 겸손하니 나의 멍에를 메고 내게 배우라 그러면 너희 마음이 쉼을 얻으리니 이는 내 멍에는 쉽고 내 짐은 가벼움이라 하시니라"(마 11:28~30).

나는 실제로 소가 멍에를 메는 것을 가까이 보기 전까지는 위의 말씀을 제대로 이해하지 못했다. 그런데 어느 날 큰 멍에와 작은 멍에를 메고 있는 두 마리의 소를 보았다. 큰 멍에는 힘이 센 소가 메고 있었고 작은 멍에는 힘이 약한 소가 메고 있었다. 큰 멍에를 멘 소가 앞에서 끌면 작은 멍에를 멘 소는 그 뒤를 따라갈 뿐이었다. 나는 그때 "너는 너에게 있는 멍에를 목에 걸치기만 하여라. 내가 너의 멍에를 지고 내 힘으로 너를 이끌리라"고 하는 주님의 음성을 들었다. 주님께 나의 주재권을 넘기는 삶이 바로 그런 것이었다. 우리가 할 수 있는 일은 아무것도 없었다. 우리는 단지 그분의 종으로서 그분이 이끄는 대로만 따라가면 된다. 세례는 이와 같이 지금까지 살았던 방식대로 육신의 생각을 좇는 삶을 포기하고 지금부터는 주인되신 예수님께서 이끄시는 대로 순종하는 삶을 살 것이라고 선포하는 의식이다.

> "그러므로 우리가 이제부터는 아무 사람도 육체대로 알지 아니하노라 비록 우리가 그리스도도 육체대로 알았으나 이제부터는 이같이 알지 아니하노라 그런즉 누구든지 그리스도 안에 있으면 새로운 피조물이라 이전 것은 지나갔으니 보라 새것이 되었도다"(고후 5:16~17).

소그룹 리더는 새신자에게 "당신의 삶은 누가 주관하고 있는가? 그리스도는 당신의 인생을 인도할 길이고, 당신이 따라야 할 진리이며, 당신의 유일한 생명인 것을 믿는가?"라고 물어 보아야 한다. 이 질문에 그들이 자신 있게 "Yes"라고 대답하지 못한다면, 소그룹 리더는 그들이 자신의 삶을 온전히 하나님께 드리지 못하는 이유가 무엇인지, 그리고 마음속에 여전히 남아 있는 두려움이 무엇인지를 알아 보아야 한다. 그리고 새신자가 그 문제를 해결할 수 있도록 도와주어야 한다. 세례는 마음속에 감춰진 두려움까지도 십자가에 못 박겠다는 고백이며 약속이다.

> "내가 그리스도와 함께 십자가에 못 박혔나니 그런즉 이제는 내가 산 것이 아니요 오직 내 안에 그리스도께서 사신 것이라 이제 내가 육체 가운데 사는 것은 나를 사랑하사 나를 위하여 자기 몸을 버리신 하나님의 아들을 믿는 믿음 안에서 사는 것이라"(갈 2:20).

이번 과를 통해서 **실천** 해야 할 **사항**

- 자신의 주재권이 내가 아닌 하나님께 있음을 고백하고 세례를 받으라.
- 세례식 때 불신 가족이나 친구를 초청하여 그들에게 당신의 신앙을 선포하라.
- 리더는 새신자가 이 모든 것을 실천할 수 있도록 점검하고 격려하라.

새신자들과 함께 할 수 있는 이야기

1. 당신의 세례식 때 초대하고 싶은 불신자는 누구인가?
2. 죄로부터 완전히 자유롭게 된다는 것은 무슨 의미인가?
3. 당신의 삶은 누가 주관하고 있는가?
4. 당신으로 하여금 하나님을 온전히 의지하지 못하게 하는 방해물들은 무엇인가?
5. 당신은 언제 세례 받기를 원하는가?

6과
하나님의 가족

5과를 통해 **배운점**

▶ 세례는 나의 주재권을 모두 하나님께 드린다는 신앙 고백이다.

▶ 세례는 예수 그리스도의 죽으심과 부활을 상징하는 것으로, 이제 나의 옛 사람은 죽고 새 사람으로 다시 태어났음을 공식적으로 선포하는 의식이다.

▶ 하나님이 없는 삶은 아무리 선하고 성실한 모습이라 할지라도 의미가 없다.

▶ 중요한 것은 인생의 목표가 내가 아닌 예수 그리스도임을 고백하고, 그 고백대로 살아가는 것이다.

이번 과의 **목 적**

1) 하나님의 가족에 대한 소속감과 책임감을 갖도록 한다.

2) 참된 공동체를 이루기 위해 서로의 필요를 채워 주는 모습을 갖게 한다.

3) 공동체의 하나됨이 얼마나 중요한가를 배운다.

4) 서로를 사랑하고 돌보며, 함께 기도하는 공동체가 되도록 한다.

'공동체' 를 이루시는 하나님

하나님께서 성부, 성자, 성령의 '삼위일체 하나님' 이라는 사실은 그분의 존재 양태가 '공동체' 임을 보여 준다. 이렇듯 '공동체' 를 이루시는 하나님은 자신의 형상대로 빚으신 우리 인간들에게도 그러한 성품을 반영하셨다. 그리고 또한 이것은 사람이 공동체 안에서 살아갈 때 하나님께서 원하시는 신앙과 인격으로 성장할 수 있음을 말해 주는 것이기도 하다. 그러므로 신앙 생활에 있어서 하나님과 나와의 관계도 중요하지만 다른 사람과 나와의 관계 역시 매우 중요하다.

하나님께서 창조하신 세상은 모든 것이 하나님 보시기에 매우 좋았다. 그러나 그 중 단 한 가지 하나님 보시기에 좋지 않은 것이 있었는데, 그것이 바로 '사람이 독처' 하는 것이었다(창 2:18). 공동체를 이루지 못하고 혼자서 사는 것은 하나님께서 원하시는 삶이 아니었기 때문이다. 하지만 오늘날 많은 현대인들은 '다른 사람의 도움이 없이도 나 혼자 충분히 잘 살 수 있다' 라는 위험한 생각을 하곤 한다.

이것은 새신자들도 마 찬가지이다. 우리는 그들이 교회에 나오면서도 이러한 사고방식을 버리지 못하는 모습을 많이 볼 수 있다. 소 그룹 리더는 새신자들의 신 앙 생활이 그런 개인주의적 사고방식으로 물들지 않도 록 조심해야 한다. 그것은

Tip

다른 사람의 도움 없이 혼 자서도 신앙 생활을 잘 할 수 있다는 생각, 하나님 없 이도 잘 살 수 있다는 생각 들은 공동체를 파괴하는 생 각이다. 이것은 아담과 하 와가 선악과를 따먹기 전에 품었던 생각과 같은 것으로 하나님의 뜻과 상반되는 위 험한 생각이다.

'세 살 버릇이 여든까지 간다' 는 속담처럼 처음부터 잘못 시작된 신앙 생활은 세월이 지나도 좀처럼 변하지 않기 때문이다. 그러므 로 그들의 개인주의적 사고방식은 새가족반에서 훈련받을 때부 터 새롭게 변화되어야 한다.

마귀는 하나님의 계획과 뜻을 방해하기 위하여 하나님의 사 람들을 넘어뜨리곤 한다. 이때 마귀가 가장 먼저 하는 일이 바로 공동체를 파괴하는 것이다. 왜냐하면 아무리 믿음이 큰 자라 하더 라도 공동체 없이는 마귀의 유혹에 무너질 수밖에 없기 때문이다. 그렇지만 믿음이 작은 사람이라도 믿음의 공동체 안에서 다른 사

람들과 하나로 묶여 있다면 마귀는 그 사람을 넘어뜨릴 수 없다. 왜냐하면 그 공동체를 다스리시는 분이 바로 '예수 그리스도'이시기 때문이다. 그러므로 새신자가 마귀의 유혹에 넘어가지 않도록 하기 위해, 그들이 빨리 공동체 안에서 하나가 될 수 있도록 해야 한다.

예수 그리스도를 영접했음에도 불구하고 아직도 여전히 마음의 공허함을 떨치지 못하는 사람들이 있다. 이는 앞에서도 언급했듯이 인간은 '하나님과의 관계'와 '사람들과의 관계'가 모두 충족될 때 진정한 행복을 느끼기 때문이다. 그러므로 새신자가 예수 그리스도를 영접하고도 진정한 행복을 느끼지 못한다면, 그 이유는 그들이 하나님께서 다스리시는 온전한 공동체를 경험하지 못했기 때문이라고 볼 수 있다. 따라서 참된 공동체를 세우고 그 안에서 서로 한몸이 되는 것은 새신자를 진정한 하나님의 사람으로 세워가기 위한 필수과정이다.

> **Tip** 신앙의 성숙은 '하나님과의 관계'와 '사람들과의 관계' 모두를 통해서 이루어진다. 소그룹 안에서 하나님께서 다스리는 온전한 공동체를 경험할 때 참된 신앙의 성숙이 이루어진다.

'공동체'의 지체로서의 우리

'공동체'란 무엇인가? 우리는 한 사람으로 이루어진 단체나 모임을 '공동체'라고 이야기하지 않는다. '공동체'라는 단어는 이미 그 구성원이 두 사람 이상임을 뜻한다. 그러나 단순히 두 사람 이상이라는 것만으로 '공동체'의 의미를 전부 표현할 수 있는 것은 아니다. 두 사람 이상으로 이루어졌을 뿐만 아니라 구성원들끼리 서로 협력하며 도울 때 비로소 우리는 그 공동체를 참다운 공동체라고 말할 수 있다.

바울은 공동체를 이야기할 때 종종 그리스도의 몸을 비유로 언급하였다. '머리되신 예수 그리스도를 중심으로 어떤 이는 눈의 역할을, 어떤 이는 귀의 역할을, 어떤 이는 손의 역할을 충실히 해 나갈 때 온전한 몸이 된다'는 것이다. 각각의 지체는 서로 다른 역할을 감당하지만 그 지체들은 모두 한 가지 목적, 곧 '그리스도의 몸을 세우기 위해' 존재한다.

우리는 특히 새신자들의 삶을 향한 하나님의 계획이 온전하게 성취될 수 있도록 서로 도와야 한다. 공동체의 모든 구성원들이 각자의 역할을 충실히 감당하고, 서로의 필요를 돕고 채워 줄 때 그 공동체는 하나님의 계획을 성취할 수 있다. 서로가 한몸된 지체로서 서로의 부족함을 돕고 채울 때 그 몸은 바르게 자랄 수 있는 것이다. 그러므로 우리가 공동체 안에서 하나님께서 기뻐하시는 관계를 맺어 나갈 때, 하나님은 그 공동체 안의 사람들의 삶을 책임져 주신다.

> "우리가 한 몸에 많은 지체를 가졌으나 모든 지체가 같은 직분을 가진 것이 아니니 이와 같이 우리 많은 사람이 그리스도 안에서 한 몸이 되어 서로 지체가 되었느니라"(롬 12:4~5).

하나님의 가족

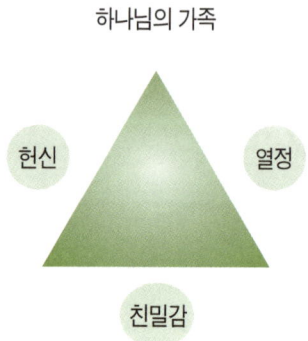

삼각형이 되기 위해서는 세 개의 변이 있어야 하듯이 참된 하나님의 공동체를 이루기 위해서는 '헌신', '열정', '친밀감' 이라는 세 가지 요소가 반드시 있어야 한다. 그런데 그 세 가지가 모두 모여 공동체를 이룰 때 한 가지 유의해야 할 사항이 있다. '헌신' 과 '열정' 이라는 요소는 시간이 흐를 수록 그 정도가 강해지기도 하고 약해지기도 하면서 끊임없이 변하지만, '친밀감' 은 시간이 지날수록 견고해지는 경향이 있다는 것이다. 그러므로 우리는 이 '친밀감' 을 바탕으로 공동체를 세워야 하는 것이다.

소그룹 안의 구성원들과 나와의 관계는 서로 격려하고 후원해 주며 섬기는 관계가 되어야 한다. 만일 우리가 그리스도의 몸에 붙어 있어도 서로 연결되어 있지 않고, 서로 협력하지 않는다면 그 몸은 불구의 몸이나 마찬가지이다. 즉 새신자가 소그룹 안에서 '친밀감' 을 느끼지 못한다면 그 그룹은 더 이상 하나님의 가족이라 말할 수 없는 것이다. 따라서 우리는 서로를 아끼고 사랑하여 친밀감을 발전시키고, 좋은 관계를 유지함으로써 서로가 서로에게 정말로 필요한 존재라는 것을 느껴야 한다.

꺼져가는 장작을 다시 활활 타오르게 할 수 있는 가장 좋은 방법은 그 장작을 다시 활활 타오르는 장작들이 쌓여 있는 모닥불 안으로 집어넣는 것이다. 이처럼 하나의 소그룹이 병들어 힘을 잃어갈 때 다른 소그룹이 도와주면, 그 소그룹이 그리스도의 능력으로 새롭게 회복될 수 있다. 그러므로 우리는 예수님으로부터 위로와 능력을 받을 뿐만 아니라 다른 지체들을 통해서 격려와 사랑을 받아야 한다.

우리에게는 그리스도의 몸 안에서 각자 맡은 역할이 있으며, 이러한 이유 때문에 모든 사람들에게 허락된 은사와 능력이 각각 다른 것이다. 그러므로 다른 사람의 은사를 모방하려고 애쓰거나 부러워할 필요가 없다. 중요한 것은 몸 전체가 바른 기능을 발휘하도록, 내가 기여하고 섬길 수 있는 부분을 발견하는 것이다.

"이뿐 아니라 몸의 더 약하게 보이는 지체가 도리어 요긴하고 우리가 몸의 덜 귀히 여기는 그것들을 더욱 귀한 것들로 입혀 주며 우리의 아름답지 못한 지체는 더욱 아름다운 것을 얻고 우리의 아름다운 지체는 요구할 것이 없으니 오직 하나님이 몸을 고르게 하여 부족한 지체에게 존귀를 더하사 몸 가운데서 분쟁이 없고 오직 여러 지체가 서로 같이하여 돌아보게 하셨으니 만일 한 지체가 고통을 받으면 모든 지

체도 함께 고통을 받고 한 지체가 영광을 얻으면 모든 지체
도 함께 즐거워하나니 너희는 그리스도의 몸이요 지체의 각
부분이라"(고전 12:22~27).

성경에 있는 '서로'에 대해

과거에 상처를 받은 기억이 있는 사람은 누군가를 신뢰하기
가 쉽지 않다. 머리로는 서로 믿고 도와야 한다는 것에 동의하지
만 마음으로는 쉽게 동의할 수 없기 때문이다. 여러분의 소그룹
안의 새신자 중에도 과거의 상처로 인해 다른 사람들에게 쉽게 마
음을 열지 못하는 자들이 있을 것이다. 소그룹은 그룹원들의 이런
약한 부분까지도 해결해 주어야 한다. 새신자는 소그룹 안에서 돌
봄을 받고 과거의 상처를 치유받으면서 비로소 그리스도의 몸의
일부가 되어 한 지체로서 역할을 하게 되는 것이다.

성경은 여러 구절에서 '서로'라는 말을 사용하여 공동체 가
운데서 우리가 어떻게 살아야 하는지에 대해 말하고 있다. 그러나
'서로'라는 말을 감정적으로 취급해서는 안 되며, 딱딱한 하나의

규칙으로 보아서도 안 된다. 우리가 품어야 할 이상적인 소그룹은 그리스도의 공동체 안에서 모두 함께 삶을 나눌 수 있는 곳이다.

Point 성경에서 '서로' 라는 단어는 400구절 이상 쓰이고 있다. 이것은 서로가 하나되는 것이 하나님의 뜻이기 때문이다. 예수님도 제자들이 서로 하나가 될 것을 기도하셨다. 특히 교회는 '하나됨'을 이루는 영적 훈련 센터이다. 그러므로 서로가 서로를 사랑하지 않고 돌보지 않는 것은 이미 교회로서의 역할을 포기한 것이나 다름없다.

그리스도인들이 서로를 하나님의 가족으로 여기고 함께 살아가는 것은 매우 중요하다. 성경은 우리에게 서로 사랑할 것을(요 13:34) 명한다. 이것이 바로 그리스도의 몸 안에서 행해지는 모든 상호 작용의 기초인 것이다. 우리가 서로를 사랑할 때 우리는 서로를 위해 기도하고(약 5:16), 서로 화평하며(막 9:50), 서로 판단하지 않게 된다(롬 14:13).

하나님은 신약성경 전체를 통해 우리가 공동체 안에서 살기 위한 지침들을 남겨 주셨다. 우리는 서로를 세우고 인정하며(롬

14:19), 서로 권면하고(롬 15:14), 서로 돌보며(고전 12:25), 서로 섬
겨야 한다(갈 5:13). 하나님이 우리를 위해 남겨 주신 이런 지침들
을 성실히 따른다면, 공동체 안에서 사람들의 관계는 매우 발전적
으로 진행될 것이며, 그 안에서 다툼을 해결하는 법을 자연스럽게
배우게 될 것이다.

성령의 열매란 사랑, 희락, 화평, 오래 참음, 자비, 양선, 충성,
온유 그리고 절제이다(갈 5:22~23). 반면에 육체의 열매는 음행,
더러운 것, 호색, 우상 숭배, 술수, 원수 맺는 것, 분쟁, 시기, 분냄,
당 짓는 것, 분리함, 이단, 투기, 술취함, 방탕함 같은 것들이다(갈
5:19~21). 한 마디로 성령의 열매는 서로가 하나가 되도록 하는 것
들이고, 육체의 열매는 하나되는 것을 방해하려 하는 것들이다.
그러므로 공동체가 서로 갈라지고 나누어지는 것은 하나님의 뜻
을 따르지 않고 인간의 것들을 추구하기 때문이라고 볼 수 있다.
공동체 안에서 하나되는 것을 추구할 때 그 공동체는 살아 숨쉬는
역동적인 공동체가 될 것이다.

예수님은 교회가 하나 되도록 간절히 기도하셨다.

"내가 비옵는 것은 이 사람들만 위함이 아니요 또 저희 말을 인하여 나를 믿는 사람들도 위함이니 아버지께서 내 안에, 내가 아버지 안에 있는 것같이 저희도 다 하나가 되어 우리 안에 있게 하사…"(요 17:20~21)

바울 역시 모든 교회에게 "하나 되라"고 요청하고 가르쳤다(엡 4:1~3, 갈 3:28). '하나됨'은 인간에게 주신 하나님의 가장 귀한 선물 중 하나이므로, 교회는 서로가 한몸임을 확인하고, 그리스도와 성도들, 그리고 성도들 서로 간의 관계가 친밀해지도록 훈련받는 영적 훈련 센터가 되어야 한다. 서로가 서로를 사랑하지 않는 교회는 이미 교회로서의 역할을 포기한 것이나 다름없다.

이번 과를 통해서 실천 해야 할 사항	• 당신의 소그룹에서 사랑과 돌봄이 필요한 사람이 누구인지 살펴보고, 그 사람을 돌보고 사랑하라. • 서로를 신뢰하기 어렵다면 그것을 고백하라. 그리고 함께 기도하라. • 리더는 새신자가 이 모든 것을 실천할 수 있도록 점검하고 격려한다.

새신자들과 함께 할 수 있는 이야기

1. 하나님의 가족에 대해 생각할 때 당신은 어떤 소속감과 책임감을 느끼는가?

2. 서로를 신뢰하는 것이 어려운가? 그것이 과거의 상처 때문이라면 그것을 위해 기도하고 고백하라.

3. 서로를 위해 무엇인가를 해야 한다는 것에 대해 당신은 어떻게 생각하는가?

4. 하나님의 가족에 대해 당신이 가장 좋아하는 부분은 무엇인가?

5. 참된 그리스도인의 공동체를 이루려면 서로에게 어떠한 것이 필요한가?

6. 그러한 필요를 채우기 위해 당신이 할 수 있는 일은 무엇인가?

7. 그 공동체를 유지해 나가기 위해 당신이 할 수 있는 일은 무엇인가?

7과

풍성함을 나누는 삶

6과를 통해 배운점

▶ 신앙의 성숙은 공동체 안에서 이루어지므로 우리는 서로를 소중히 여겨야 한다.

▶ 공동체는 하나님의 본질이므로 하나님께서는 우리가 공동체 안에서 하나가 되는 것을 기뻐하신다.

▶ 공동체를 파괴하는 행위는 하나님의 뜻이 아니기 때문에 우리는 공동체의 하나됨을 위해 서로를 사랑하고 돌보아야 한다.

이번 과의 목적

1) 서로 사랑하고 돌보는 삶을 실천했는지 점검한다.

2) 새신자들을 하나님께 최선의 것을 드릴 수 있는 신앙으로 인도한다.

3) 온전한 십일조 생활을 할 수 있도록 돕는다.

4) 나만을 위해서가 아니라 하나님과 다른 사람들을 위해 시간과 물질을 사용할 수 있도록 돕는다.

5) VIP들을 위해서 항상 시간과 물질을 사용할 수 있도록 돕는다.

하나님께 드리는 삶

갓난아이는 부모님이 입혀 주는 옷만 입고 부모님이 먹여 주는 음식만 먹으며 생활한다. 이렇듯 어린아이는 자신의 생존을 부모의 손에 전적으로 의존하지만 그것에 대한 감사를 느끼거나 표현하지는 못한다. 그러나 이제 이 아이가 철이 들어 부모님의 수고에 대한 고마움을 새삼 느끼게 되고, 부모님에게 보답하고자 하는 노력을 하게 되면 부모는 그 아이가 이제 어른이 되어가고 있음을 느끼게 된다.

이 어린아이처럼 교회의 새신자는 그의 신앙이 어느 정도 성숙될 때까지는 많은 사람들의 도움을 받아야 한다. 기존 신자들이 새신자가 모르는 것이 있으면 가르쳐 주고, 힘든 일이 생기면 대신 그 일을 맡아서 해 주기도 한다. 그러나 중요한 것은 이 새신자도 언젠가는 자기의 시간과 물질을 나누어 주며, 또 다른 누군가를 도울 단계까지 성장해야 한다는 것이다. 뿐만 아니라 예전에는 하나님께 받는 것만 생각했다면 이제는 하나님께 드리는 것에 대해 더 많은 생각을 해야 한다. 이것이 바로 믿음이 자라고 있는 또 다른 증거인 것이다.

어떤 관계이든 그 관계가 더 풍성해지기 위해서는 서로 간에 '드리는 삶'이 매우 중요하다. 이것은 세상의 관계처럼 서로에게서 필요한 것만 뽑아 가려는 관계와는 다른 것이다. 풍성한 관계를 위해서 나의 돈을 사용하며, 시간을 사용하고, 은사를 사용하는 것, 이런 삶이 바로 기독교의 초석이 되는 것이다. '드리는 삶'은 서로에 대한 사랑이 없이는, 또 우리 주변의 세상을 축복하고자 하는 갈망이 없이는 실천할 수 없다.

우리는 새신자들이 '드리는 삶'을 통해 다른 이들에게 예수님을 나눌 수 있는 놀라운 기회를 경험할 수 있도록 도와야 한다. 어떠한 노력으로도 열 수 없는 불신자의 마음을 열게 하는 길이 바로 '드리는 삶'이다. 따라서 소그룹 리더는 새신자들이 다른 불신자를 위해서 음식을 제공하고, 시간을 들이며, 그들의 필요를 채워주며 정성을 다해 사랑하고

Tip

• 당신이 가진 것 중에서 당신의 VIP를 위해서 사용할 수 있는 것은 무엇인가?

불신자의 마음은 그들을 위해서 나의 것을 포기할 때 열린다.

섬기는 것을 경험하도록 해야 한다.

이 일을 감당하기 위해서 구체적으로 새신자들은 무엇을 드려야 할 것인가? 즉 그들이 소유한 것 중 무엇을 포기해야 하는가? 경우에 따라 약간의 돈을 사용해야 할 때도 있고 자신의 시간 중 일부를 포기해야 할 때도 있을 것이다. 이 둘 중에 돈보다는 시간을 남에게 사용하기가 더 힘들다. 누구든지 자신의 시간을 포기한다는 것은 인내와 희생을 요구하기 때문이다. 따라서 소그룹 리더는 새신자들이 하루에 얼마의 시간을 다른 사람에게 드리는 데 사용하고 있는지, 그들의 시간을 얼마만큼 포기하고 사는지를 점검해야 한다. 이것이 바로 드리는 삶을 살기 위한 출발점이기 때문이다. 다음 구절을 살펴보자.

"이것이 곧 적게 심는 자는 적게 거두고 많이 심는 자는 많이 거둔다 하는 말이로다 각각 그 마음에 정한 대로 할 것이요 인색함으로나 억지로 하지 말지니 하나님은 즐겨 내는 자를 사랑하시느니라 하나님이 능히 모든 은혜를 너희에게 넘치게 하시나니 이는 너희로 모든 일에 항상 모든 것이 넉넉하여 모든 착한 일을 넘치게 하게 하려 하심이라"(고후 9:6~8).

이것이 바로 '드리는 삶' 이다. '드리는 삶' 은 하나님이 우리
에게 주신 풍성함을 다른 사람과 나누는 것이다. 그것은 나의 이
익이나 손해를 떠나 순수한 마음으로 다른 이들과 함께 나의 시
간, 은사 그리고 돈을 나누는 것을 말한다. 그런데 이런 나눔의 삶
에 있어서 우리가 잊지 말아야 할 것은 우리가 가진 모든 것은 하
나님으로부터 거저 받은 선물이라는 것이다. 우리가 하나님으로
부터 거저 받았기 때문에 우리 역시 그들에게 거저 줄 수 있는 것
이다. 이것은 또 우리가 받은 것을 다시 하나님께 돌려 드리는 것
이기도 하다.

하나님은 지금 이 순간도 우리가 하나님으로부터 공급받은
그 풍성함의 일부를, 때론 전부를 되돌려 주기를 원하신다. 그는
우리가 드리는 것을 통해서 다른 영혼들을 하나님 앞으로 인도하
고 세우는 일이 이루어지기를 원하신다. 이것은 나의 모든 것이
그분으로부터 말미암았으며, 앞으로 나의 모든 것을 하나님께서
책임져 주실 것임을 믿지 않고서는 순종하기 힘든 일이다.

당신이 소그룹 리더라면 새신자에게 '드리는 삶' 을 가르치기
에 앞서 그들에게 이러한 믿음이 있는지를 먼저 점검해 보아야 할

것이다. 그러한 믿음이 없다면 드리는 삶을 이야기하는 것보다, 우리에게 있는 모든 것이 그분으로부터 말미암았고, 그분이 원하시면 언제든지 내어드릴 수 있는 믿음을 갖도록 도와주어야 한다. '드리는 삶' 은 우리의 한계를 뛰어넘어, 우리의 사역을 뻗어나가게 하는 하나님의 방법이다. 그것은 우리 근처에 있는 사람들뿐만 아니라 우리에게서 멀리 떨어져 있는 사람들에게까지 하나님의 복음이 전파될 수 있게 하며, 아직 그리스도를 모르는 사람들에게 복음을 전하고 그들이 하나님의 축복을 경험할 수 있게 하는 강력한 도구이다.

드려야 하는 이유

'드리는 삶' 을 통해, 우리는 하나님과 다른 사람 그리고 우리 자신을 축복하게 되는데 이중에서 무엇보다 우리 자신이 매우 특별한 축복을 받게 된다. 사도 바울이 새로운 교회들을 개척할 때 (고후 9:1~5), 그는 이미 세웠던 교회들에게 필요한 것들을 도와달라고 요청하곤 했다. 이것은 그가 탐심을 가졌거나 이기적이었기 때문이 아니다. 그는 그 교회들이 그들 자신의 한계를 벗어나 넓은 세계로 나아갈 수 있도록 하기 위해서 그렇게 요청한 것이다. 그들의 은혜로운 헌신을 통해, 신약교회들은 하나님의 사랑을 세상에 전달할 수 있었다. 소그룹 리더는 우리가 드리는 삶을 실천할 때, 우리가 복을 받을 수 있고 하나님께서 역사하실 수 있는 새로운 길과 문을 열 수 있다는 것을 새신자들이 깨닫도록 해야 한다.

> **Point** 손해와 이익을 계산하지 않고 순수한 마음으로 내 것을 포기하는 것이 바로 '드리는 삶'이다.

헌금을 드릴 때는 믿음 가운데서 망설임 없이 후하게 드려야 한다. 예수님은 이에 대해 다음과 같이 말씀하셨다.

"주라 그리하면 너희에게 줄 것이니 곧 후히 되어 누르고 흔들어 넘치도록 하여 너희에게 안겨 주리라 너희의 헤아리는 그 헤아림으로 너희도 헤아림을 도로 받을 것이니라"(눅 6:38).

하나님은 다른 사람들과 나를 축복하시기 위해 나의 헌금을 사용하신다. 그러므로 후하게 드리면 드릴수록 우리는 다른 사람과 나 자신을 더 많이 축복하는 것이다. 그리고 그것은 하나님께서 우리를 통해 더 크게 사역하실 수 있도록 우리 자신을 그 은혜의 통로로 내어드리는 것이다.

> "예수께서 눈을 들어 부자들이 연보궤에 헌금 넣는 것을 보시고 또 어떤 가난한 과부의 두 렙돈 넣는 것을 보시고 가라사대 내가 참으로 너희에게 말하노니 이 가난한 과부가 모든 사람보다 많이 넣었도다 저들은 그 풍족한 중에서 헌금을 넣었거니와 이 과부는 그 구차한 중에서 자기의 있는바 생활비 전부를 넣었느니라 하시니라"(눅 21:1~4).

하나님은 우리가 내는 헌금의 양보다 우리 마음의 중심이 어떠한가에 더 관심을 갖고 계신다. 즉 아무리 작은 헌금이라 할지라도 그것이 내는 사람에게 커다란 희생을 요구하는 것이라면, 하나님께서는 기쁘게 받으신다는 것이다.

하나님은 우리의 외모가 아니라 중심을 보신다. 인간의 관심은 겉모습과 외형이지만 하나님의 관심은 우리의 마음이다. 우리가 어떤 나라에 살든지, 부자이든지 가난하든지 관계없이 하나님은 항상 우리의 마음을 살피신다. 소그룹 리더는 우리가 우리의 전부를 하나님께 드린다면, 그분은 그것을 이미 아시고 기뻐하신 다는 사실을 새신자들이 믿을 수 있도록 도와야 한다. 그리고 드 리는 것은 단지 돈을 의미하는 것이 아니라 하나님이 우리에게 베 푸신 모든 것을 나누는 것임을 가르쳐야 한다.

십일조

십일조는 구약 시대부터 존재하고 있었던 이스라엘 백성들의 관습이다. 이스라엘 백성들은 자기 수입의 10분의 1을 하나님께 드렸고, 하나님께서는 자신의 것을 드리는 그들을 축복하셨다. 오늘날도 많은 교회들이 이 십일조의 삶을 강조하고 있고 많은 그리스도

Tip 십일조는 우리가 하나님의 자녀이며, 우리의 가진 모든 것이 그분의 것임을 인정하는 것이다. 세례가 하나님의 주재권을 인정하는 공적인 선포라면, 십일조는 그 선포한 삶을 실천하는 작은 신앙 고백인 것이다. 하나님은 우리가 억지로가 아닌 감사하는 마음으로 '후히' 드리는 자가 되기를 원하신다. 하나님은 겉모습을 보시는 것이 아니라 마음의 중심을 보시기 때문이다.

인들이 그것을 실천하며 살고 있다. 이 율법에서 말하는 십일조가 우리에게 무슨 의미이기에 많은 교회들이 오늘날도 여전히 십일조를 강조하고 격려하고 있는 것인가?

십일조는 나의 모든 소유가 하나님으로부터 왔음을 인정하는 신앙 고백의 표현이다. 이것은 하나님께서 내 삶의 주인이심을 믿는다는 표시이며, 그러한 믿음을 삶으로 나타내는 신앙 고백이다. 이렇듯 십일조는 하나님의 자녀로서 하나님을 내 삶의 주인이라고 고백하는 행위이기 때문에 신앙 생활의 가장 중요한 요소 중의 하나이다. 그것은 마치 농부가 그 해 흉년이 들었다고 해도 절대로 종자는 먹지 않는 것처럼, 십일조는 신앙의 '종자'와 같은 것이다.

십일조의 액수는 바로 온전한 십일조를 드리는 것이다. 하나님의 자녀라면 소득이 생겼을 때 무조건 10분의 1은 하나님의 것으로 떼어 놓아야 한다. 이것은 나머지 10분의 9 역시 하나님의 것이라는 고백이 내포되어 있는 것이기 때문이다.

또한 우리는 물질뿐 아니라 나에게 주어진 시간 역시 하나님의 것임을 인정해야 한다. 우리에게 주어진 24시간의 10분의 1 역시 하나님의 것이며, 따라서 그분께 드려야 한다. 시간을 하나님께 드린다는 것은 그 시간에 하나님께서 원하시고, 기뻐하시는 일을 하는 것이다. 기도하고 말씀을 보며, 가난한 자를 구제하는 일 등, 나를 위한 시간이 아닌 하나님을 위한 시간으로 사용하는 것을 말한다. 소그룹 리더는 새신자들에게 이것을 분명히 가르쳐야 한다.

Tip
- 당신은 온전한 십일조를 드리고 있는가?
- 물질의 십일조 외에 시간의 십일조도 드리는가?

필자는 교회가 십일조의 일부 혹은 전부를 교회를 위해서 사용하고 또한 더욱 지역사회와 가난한 자를 구제하는 일에 사용할 것을 권하고 싶다. 아니면 VIP를 위해 사용하는 것도 좋을 듯 싶다. 그리고 이 일을 할 때에는 개인 혼자 하는 것이 아니라 소그룹을 통해서, 혹은 교회를 통해서 하는 것이 하나님을 기쁘시게 하는 일이라 생각한다. 또한 소그룹 차원에서 일을 시작할 때에는 목사님의 축복기도와 허락을 받고 마음을 모아 행해야 할 것이다.

사람들은 대부분 자신을 위해 사용한 것은 쉽게 잊어버리는 반면 남을 위해 사용한 것은 잊어버리지 않고 끝까지 기억한다. 새신자들은 자신이 낸 십일조가 선한 사업에 사용되는 것을 보았을 때의 감격을 잊어버리지 않으며, 앞으로 기쁨과 감사하는 마음으로 십일조를 낼 수 있을 것이다. 그리고 이렇듯 순수한 마음으로 사랑을 실천하였을 때 하나님께서 그 교회와 성도들에게 놀라운 축복을 허락하실 것이다.

이번 과를 통해서 **실천** 해야 할 **사항**

- 온전한 십일조를 하라.
- 하나님께 드릴 수 있는 최선의 것을 기쁨으로 드리라.
- 리더는 새신자가 이 모든 것을 실천할 수 있도록 점검하고 격려한다.

새신자들과 함께 할 수 있는 이야기

1. 나의 'VIP'들을 위해 내가 가진 것 중 무엇을 포기할 것인가?
2. 하나님께서 내가 가장 드리기를 원하시는 것이 무엇이라고 생각하는가?
3. 우리의 '드림'을 통해 하나님은 우리를 어떻게 축복하셨는지 경험을 나누어 보자.
4. 주님이 내게 주신 것 중에서 돈 이외에 주께 다시 돌려 드릴 수 있는 세 가지를 적어 보자.

8과
영적인 은사들

7과를 통해 **배운점**

▶ '드리는 삶' 은 기독교의 초석이며 '드리는 삶' 자체가 하나님의 축복이다.

▶십일조는 하나님께서 나의 주인이심을 나타내는 신앙 고백이다.

▶ 하나님께서 원하시는 십일조는 많은 액수의 십일조가 아닌 온전한 십일조이다.

▶십일조는 물질의 10분의 1만을 의미하는 것이 아니라 내 삶의 전 영역 - 예를 들면 시간 등 - 의 10분의 1을 의미하는 것이다.

이번 과의 **목 적**

1) 새신자들이 자신의 은사를 발견하고 은사에 맞는 사역을 감당하게 한다.

2) 새신자들이 은사를 사용하여 불신자와 지역사회를 섬기도록 돕는다.

영적 은사

'영적 은사' 란 예수 그리스도를 마음으로 믿고 영접하는 자에게 주는 하나님의 선물로서, 하나님의 교회를 세우고 복음을 전하며 성도 간에 서로를 섬기도록 하기 위해 하나님께서 우리에게 주신 재능이다. 이것은 이제 막 그리스도를 영접한 새신자들에게도 동일하게 적용되며, 따라서 그들 역시 이러한 영적 은사를 선물로 받는다. 그러므로 소그룹 리더는 새신자가 자신의 은사가 무엇인지 발견할 수 있도록 도움을 주어야 한다. 즉 새신자의 재능과 열정이 무엇인지를 깊이 관찰하여 새신자들이 자신에게 주어진 은사를 발견할 수 있도록 도움을 주어야 하는 것이다.

또한 은사를 발견하는 것보다 더 중요한 것은 은사를 올바르게 사용하는 것이다. 그러므로 소그룹 리더는 새신자가 자신의 은사를 여러 가지 사역에서 실제로 사용할 수 있도록 도움을 주어야 한다. 이를 위해서 소그룹 리더는 새신자의 단점보다는 장점에 더 많은 관심을 가져야 하고, 새신자로 하여금 자신들이 은사들을 사용할 때 하나님께서 도우실 것을 확신할 수 있도록 지도해야 한다.

마지막으로 소그룹 리더는 새신자가 교회를 위해 자신의 은
사를 바르게 사용할 수 있도록 지도해야 한다. 자신이 그리스도의
몸의 지체 중 어느 부분에 해당하는지를 깨닫고, 그 몸을 바로 세
우기 위해 은사를 사용하도록 해야 하는데 그것은 은사가 나 자신
만을 위해 주어진 것이 아니기 때문이다. 예를 들어, 머리에서 어
느 방향으로 움직일 것을 명령했다고 하자. 이 명령을 따르기 위
해서 눈은 목적지를 보아야 하고 발은 목적지를 향해 움직여야 한
다. 목적지에 도착하기까지 손, 귀, 입 역시 모두 같은 목적을 가지
고 동일한 방향으로 움직여야 한다. 이 중 어느 것 하나라도 자기
멋대로 움직인다면 그 몸은 목적지에 도착할 수가 없는 것이다.
이처럼 모든 은사는 그리스도의 몸인 교회를 위해서 알맞게 사용
되어져야 한다.

안타까운 것은 새신자들뿐만 아니라 많은 성도들 역시 자신
의 은사가 무엇인지 발견하지 못하고 있고, 자신의 은사에 맞는
사역을 제대로 감당하지 못하고 있으며, 일부 사람들은 자기 자신
의 유익만을 위해 은사를 사용하고 있다는 사실이다. 이는 기존의
새가족반이 그들의 영적인 은사에 무관심했기 때문이며, 그들의
은사대로 사역할 수 있도록 돕기 보다는 그들의 은사를 고려하지

않은 채 교회의 필요한 사역에 배치해 왔기 때문이라고 할 수 있다. 그리고 이에 더하여 은사의 활용에 대한 성경적 가르침에 소홀했던 것도 또 다른 원인이라 할 수 있다.

그러므로 소그룹 리더는 새신자들로 하여금 바른 성경적 은사관을 확립할 수 있도록 하여야 하며, 그들의 은사를 통해 구체적인 사역의 열매가 나타날 수 있도록 힘써야 한다. 이것이 중요한 이유는 이 모든 것들이 새신자들이 하나님을 실제적으로 만나고 경험하게 하는 중요한 계기가 될 수 있기 때문이다. 이것이 바로 NCD 새가족반의 원리 중 하나인 '경험을 통한 양육'이다.

Point 영적 은사는 내가 그리스도의 몸 가운데 어느 부분에 적합한지를 깨닫고, 그 몸을 바로 세우기 위해 허락된 것이다. 따라서 영적 은사는 당연히 그리스도의 몸인 교회를 위해 사용되어야 한다.

새가족반에서 은사 활용하기

새신자에게 은사가 무엇이고 어떻게 사용되어야 하는가에 대해 가르치는 것보다 더 중요한 것은 소그룹 내에서 새신자가 실제로 자신의 은사를 활용하도록 하는 것이다. 새가족반에서의 양육은 절대로 이론이나 지식으로 그쳐서는 안된다. 새신자는 자신의 은사가 무엇인지 정확히 알 뿐 아니라 실제로 자신의 은사를 통해 교회가 세워져 가는 것을 경험해야 한다.

특히 새가족반에서는 새신자들이 불신자를 위해 자신들의 은사를 사용하는 것이 좋다. 즉 불신자와 관계를 맺고, 그 관계를 발전시켜 마침내는 복음을 전하기까지 그들의 은사가 사용되도록 해야 하는 것이다. 이것은 새신자로 하여금 불신자를 전도하게 하는 NCD 새가족반의 원리이기도 하다. 새신자에게 머리를 깎는 은사가 있는가? 그렇다면 주변의 소외된 자들과 가난한 자들을 위해서 무료로 머리를 깎아 주도록 지도하라. 새신자에게 봉사와 섬김의 은사가 있는가? 그렇다면 그들과 함께 관공서의 더러운 곳과 공중 화장실 등과 같은 곳을 찾아가서 청소를 하라. 이것은 예수님께 받은 큰 사랑을 제일 낮은 자세로 섬기며 표현하는 것이다. 그 외에도 불신자들을 위해 우리의 은사를 활용할 수 있는 방법은 얼마든지 있다. 한 사람, 아니 한 그룹이 한 가지씩만이라도 불신자들을 위해 은사를 활용한다면 그 지역에 놀라운 변화가 일어날 것이다. 다음의 이야기는 불신자를 위한 은사의 활용이 얼마나 큰 영향력을 발휘하는지를 보여 주는 대표적인 일화이다.

미국의 한 지역에서 흑인폭동이 있었다. 그 난리 속에 어느 교회의 교인들이 굶주리고 있는 아이들을 위해 도시락을 가지고 그 위험한 폭동 지역 안으로 들어갔다고 한다. 그 교인들은 그들이 가지고 있던 사랑의 은사를 고통받는 이웃을 위해 사용한 것이었다. 당시 LA 지역 신문에서는 경찰들도 진압하지 못한 폭동을 한 교회가 진정시켰다는 내용을 대서특필하였다. 그런데 놀랄 만한 것은 그들의 그런 희생으로 가장 많이 변화된 사람들은 다른 사람들이 아닌 바로 그들 자신이었다는 것이다. 그들은 자신의 은사가 불신자들을 위해 사용되어질 때 하나님께서 함께 하시는 것을 직접 경험했던 것이다. 그 폭동 이후로 그 교회의 모든 성도들은 그 지역의 불신자들을 예수님의 마음으로 섬기기 시작했다고 한다. 의사의 직업을 가진 사람들은 의술로, 부유한 사람들은 헌금으로, 음식을 잘 하는 사람들은 음식을 만들어 대접하는 은사로 불신자를 향해 다가간 것이다.

일부 새신자들 중에는 자신의 은사가 무엇인지 몰라서 염려하는 사람이 종종 있다. 그러나 그것은 크게 염려하지 않아도 된다. 때가 되면 하나님께서는 그들의 은사를 드러내실 것이며, 사용하실 것이기 때문이다. 다만 소그룹 리더는 그것을 위해 함께 기도하며 준비하면 된다. 그리고 그들이 이 문제를 가지고 목회자와 상담할 수 있도록 다리를 놓아 주면 되는 것이다.

소그룹 리더는 새신자가 자신의 은사를 발견하고 실제로 활용하여 사역의 열매를 맺을 수 있도록 최선을 다해 도와야 한다. 리더는 새신자를 다음과 같이 도울 수 있다.

1. 겸손하게 기도하는 삶을 살도록 가르치고 도우라.
2. 받은 은사들을 가지고 하나님을 공경하고 섬기는 데 사용할 수 있도록 도우라.
3. 새신자들의 삶 가운데 역사하시는 하나님을 신뢰하도록 가

르치고 도우라.

4. 성령께서 새신자들에게 주신 은사로 그들이 다른 사람들을 섬길 수 있도록 도우라.

5. 성령님의 음성에 귀를 기울이도록 가르치고 도우라.

영적인 은사의 두 가지 종류

영적인 은사에는 크게 '능력의 은사'와 '섬김의 은사'가 있다. '능력의 은사'는 하나님께서 인간을 통해 드러내신 초자연적인 역사라고 할 수 있다. 이 '능력의 은사'는 평범한 논리로는 설명될 수 없는 것이며, 많은 경우에 그것들은 예언적인 말씀과 거룩한 치유로 나타난다. 이러한 은사들은 종종 새신자들에게 나타나기도 하는데 심지어는 예수님을 영접하고 고백하는 순간 이런 은사가 나타나는 경우도 있다. 이런 은사는 그것을 목격하는 사람이나 그것을 행하는 사람들의 믿음을 강건하게 하고, 그 은사를 통하여 그리스도의 몸을 세우는 데 기여하게 한다. 또한 '능력의 은사'는 불신자들에게 기적적인 증거를 제공하기도 한다. 이 '능력의 은사'는 소수의 특별한 믿음을 가진 사람에게만 주어지는 것이 아니다. 따라서 소그룹의 리더는 항상 이런 은사가 새신자들에게도 나타날 수 있음을 인식하고 있어야 한다.

　'섬김의 은사'는 매일의 삶의 현장에서 하나님께서 기뻐하시는 일을 행할 수 있도록 우리에게 허락된 달란트이다. '섬김의 은사'는 능력의 은사보다 훨씬 다양한 모습으로 나타나며, 쉽게 발견된다. 그러나 그렇다고 해서 그것이 능력의 은사보다 가치가 덜하다는 것은 아니다. 불신자들을 예수님께로 인도하는 것은 능력의 은사보다 섬김의 은사를 통해서 더 많이 이루어진다. 새신자들이 섬김의 은사들을 실제로 사용하여 다른 불신자들의 필요를 채워 줄 때, 그 불신자들이 하나님을 알고 싶어 하게 되고 결국에는 구원과 생명의 길로 나아오는 것이다. 따라서 섬김의 은사는 전도하는 데 있어서 매우 중요한 역할을 감당한다. 섬김의 은사는 사람들로 하여금 그 은사를 통해 하나님의 사랑을 마음에 실제로 느끼게 하기 때문이다.

　많은 경우 사람들은 목회자의 설교나 교회의 분위기 그리고 다른 사람들과의 관계에 따라서 교회를 결정한다. 그러나 새신자가 가장 빠르고 확실하게 교회에 정착하는 길은 그들의 은사에 맞는 사역을 감당하게 할 때이다. 따라서 소그룹 리더는 새신자들에게 영적인 은사가 매우 다양한 형태로 나타날 수 있음을 인식하고, 그들의 은사가 교회 내에서 사용되어질 수 있도록 그들에게 많은 기회를 제공해야 한다.

이번 과를 통해서 **실천** 해야 할 **사항**	• 당신의 은사가 무엇인지 리더나 목회자와 상담해 보라. • 당신의 은사를 찾았다면 그 은사에 맞는 일을 찾아서 사역을 해 보라. • 불신자와 지역 사회를 위해 할 수 있는 일을 찾아보고 실천해 보라.

새신자들과 함께 할 수 있는 이야기

1. 하나님께서 당신에게 주신 재능과 은사는 무엇인가?
2. 당신의 소그룹이나 교회에서 지역 사회를 위해 할 수 있는 일을 논의해 보라.
3. 당신의 삶에 영적인 은사들을 어떻게 적용할 수 있겠는가?

이 책을 마치면서…

지금까지 8과에 걸쳐 새가족반에서 리더들이 새신자들을 가르치고 그들과 함께 경험해야 할 내용들을 제시하였다. 리더가 1주에 1과씩 새신자에게 가르친다고 해도 최소한 8주는 지나야 리더를 배출할 수 있다. 그러나 매 과마다 주어진 과제를 실천하고 그 과제를 통하여 신앙 생활의 필수적인 요소들을 경험하는지를 점검해 나가다 보면 실제로는 8주보다 더 많은 시간이 소요될 것이다. 그러나 사실 얼마나 짧은 시간에 이 과정을 마쳤는가는 중요하지 않다. 중요한 것은 새신자들이 이 과정을 거치는 동안 하나님을 경험했느냐 하는 것이다.

새신자들이 모든 과정을 마치면 리더는 축제를 열어 그들의 졸업을 진심으로 축하하는 시간을 가지는 것이 좋다. 축제 시간에는 모든 과정을 마치게 하신 하나님께 영광을 돌리도록 하고, 불

신자들을 초청하여 그들 앞에서 지난 모든 과정 동안 경험한 하나
님에 대해 간증하게 하라.

　　새가족반의 모든 과정이 제대로 운영되었다면 새신자는 그
기간 동안 전도하는 것에 매우 익숙해져 있을 것이다. 이와 같이
경험을 통해 전도하는 것이 생활화된 새신자가 나중에 전도소그
룹이나 다른 새가족반의 리더가 되면, 참으로 능력 있는 리더와
소그룹이 계속적으로 번식될 것이다. 우리는 이런 비전과 꿈을 가
지고 새가족반을 시작해야 한다.

　　지금까지 NCD를 통해서 약 35,000명 정도의 많은 목회자들
이 훈련을 받았다. 하지만 실질적으로 사역 현장에서 제대로 적용
하며 번식이 계속되도록 운영하는 목회자는 350명, 또는 350교회
정도에 불과하다. 성공률이 1%에 불과하다는 것이다. 또한 대부
분의 교회에서 100명의 영혼을 인도하면 그 중 교회에 정착할 확
률은 0.6%에 불과하다고 한다. 즉, 전도되어 온 100명 중 한 명도
교회에 정착하기 힘들다는 말이다. 불신자가 교회에 와서 말씀을

듣고 회심이 이루어진다 하더라도 그들이 교회에 정착하지 못한
다면 우리의 전도행위는 아무런 의미가 없다. 전도는 회심과 정
착, 그리고 번식에까지 연결되어야 완전한 전도라 할 수 있다. 전
도해 온 사람이 교회에 정착하지 않는다면 100명이 오든, 1,000명
이 오든 그것이 무슨 의미가 있겠는가? 따라서 당장 100명을 전도
하는 것보다 준비된 리더 1명을 키우는 것이 무엇보다 중요하다.
준비된 리더를 통해 불신자들이 교회에 정착할 수 있기 때문이다.
리더를 양성하여 그들을 준비시킨 후에 전도를 하는 것이 많은 영
혼을 구원하기에는 더딘 것 처럼 보이지만 이것이 시스템화되고
교회의 문화처럼 되었을 때에는 30배, 60배, 100배의 결실을 맺을
수 있을 것이다.

한국 교회가 앞으로 변화되고 성장하기 위해서는 가장 먼저
새가족반이 변화되어야 한다. 죽은 자를 살리는 것보다 더 쉬운
것은 새로운 생명을 잉태하는 것이다. 지금까지 기존 신자를 변화
시키기 위해 사용했던 그 많은 에너지를 새신자들을 위해 사용해
보라. 그러면 머지않아 우리가 기대하던 것보다 훨씬 더 많은 열

매를 거두게 될 것이다.

세상에서 가장 거리가 먼 것은 머리와 가슴 사이라고 한다. 이 말의 의미는 실제로 행함이 없다면 아무리 좋은 이론과 지식이라 할지라도 아무런 소용이 없다는 것이다. 마음으로, 삶으로 순종하지 않는 지식은 결코 열매를 맺을 수 없다.

부록 1

새가족반 실행지침서

NCD 새가족반을 교회에서 실행하기

셀의 생명력은 곧 교회의 생명력이다. 커다란 얼음이 있다고 생각해 보자. 이 얼음 덩어리와, 그 얼음을 부수어 작게 만든 얼음 조각들을 동시에 물에 담갔을 때 어떤 얼음이 더 잘 녹겠는가? 당연히 작은 얼음 조각들이다. 이처럼 교회는 대그룹이 변하는 것보다 소그룹이 변하는 것이 훨씬 빠르고 효과적이다. 또한 교회의 생명력은 한 사람에 의존해 이루어지는 것이 아니며, 돈이나 좋은 환경에 의해 성장하거나 유지되는 것도 아니다. 그것은 리더가 자신의 삶과 가치관, 의식을 새신자에게 얼마나 전달하느냐에 달려 있다. 리더가 자신의 DNA를 새신자에게 복제한다는 생각으로 새신자를 세워 나갈 때 생명력 있는 소그룹이 만들어진다.

소그룹 리더는 매주 새신자들에게 실천이 가능하고 점검이 가능한 과제를 내주어야 한다. 그 과제를 통해서 그들이 하나님을 경험하고 용서와 치유를 경험하며, 사역의 열매를 경험하도록 도와야 하기 때문이다. 그리고 리더는 매주 모임을 시작하기 전 한 주간의 삶을 서로 나누고 그 주간의 과제물을 실천하였는지, 그 과제물이 새신자들에게 어떠한 교훈을 주었는지 등을 항상 점검하고 기도해 주어야 한다. 새신자들에게 부여되는 과제물은 다음과 같다.

	과 제 물
1과	구원 간증문을 작성하고 그것을 불신자 1명 이상에게 발표하라.
2과	앞으로 기도해 줄 VIP 카드를 작성한다. 이들에게 복음을 전하는 일을 함께 도와줄 기독교 친구를 소개시켜 준다.
3과	사랑을 나눌 세 사람의 명단을 적고 구체적인 계획을 세워라.
4과	서로의 죄를 나누고 기도하라.
5과	세례를 받으라. 이때 불신 가족이나 친구를 반드시 초대한다.
6과	모임의 멤버 중 돌봄이 필요한 사람에게 찾아가 사랑을 베푼다.
7과	온전한 십일조를 드려라. 하나님께 큰 드림을 실천해 보라.
8과	은사가 무엇인지 목사님과 상의하고 교회의 사역을 찾아 순종한다.

* 리더는 과제물을 매일매일 점검해야 한다. 새신자는 직접 점검이 곤란한 경우 반드시 보고서를 작성하고 이를 리더에게 보고한다.

새가족반 번식을 위해 준비해야 할 3가지 요소

지금까지 살펴 보았던 새가족반이 실제적인 열매를 맺으면서 자연적으로 번식할 수 있게 되기까지는 많은 준비와 과정이 필요하다. 이것은 목회자 한 사람이나 소수의 셀리더들만으로 새가족반이 번식할 수 있는 것이 아니기 때문이다. 목회자와 성도가 한마음이 되어 새가족반을 향한 비전을 공유하고 이 새가족반을 통해서 이루어질 교회의 부흥을 간절히 소망할 때 새가족반은 완전히 정착할 수 있는 것이다. 필자는 새가족반을 준비하는 목회자들과 소그룹 리더들에게 다음의 세가지를 권하고 싶다.

첫째, 목회자는 주일 예배에서의 설교를 통해 모든 성도들이 새가족반에 대한 기대를 가질 수 있도록 해야 한다. 그리고 새가족반을 통해 이루어질 영혼의 구원과 교회의 부흥은 우리가 상상하는 것보다 훨씬 크고 놀랍다는 것을 인식하고 있어야 한다. 이것을 모든 성도들이 함께 공유하기 위해서는 새가족반에 대한 간단, 명료하면서도 강력한 메시지를 주일 오전 예배때 성도들에게 전하는 것이 효과적이다. 물론, 이것이 한 두번의 설교로 이루어지지는 않을 것이다. 따라서 목회자는 겸손하게 매주 자신이 인도한 예배가 어떠했는지를 다른 사람들로부터 평가받아야 한다. 필자가 권하는 평가받을 항목은 다음과 같다.

1. 예배가 성도들의 갈급함을 얼마나 해결해 주었는가?
2. 예배를 통해서 성도들이 얼마나 큰 감동을 받았는가?
3. 예배를 통해서 성도들이 하나님의 임재를 경험하였는가?

목회자나 소수의 리더들이 준비되어 있다고 해서 교회가 NCD새가족반에 대한 준비가 끝난 것은 아니다. 모든 성도 한사람 한사람이 새가족반의 중요성을 인식하고 함께 동참할 때 새가족반은 비로소 정착할 수 있다.

둘째, 새가족반을 운영할 때 탄력적으로 운영해야 한다. 지금까지 살펴보았듯이 새가족반은 총 8과로 구성되어 있다. 우선 목회자와 소그룹 리더들은 새가족반의 진도와 그 순서가 중요한 것이 아니라는 것을 인식해야 한다. 구체적으로 이야기하면 새신자들이 교회에 왔을 때 그들이 반드시 1과부터 시작해야 하는 것은 아니라는 것이다. 만약 새가족반이 5과를 진행 중이라면 새신자들이 5과부터 시작해도 무관하다. 중요한 것은 우선 새신자가 교회에 오는 주부터 하나님을 경험할 수 있도록 새가족반에 넣어야 하며, 그 안에서 실제로 하나님의 사랑을 경험할 수 있도록 하는 것이다. 특별히 우리는 사도행전 2장에서 '3,000명이 예수님을 믿고 이 날에(KJV 영어성경에는 'same day' 라고 표현되어 있다) 그들이 제자가 되었으며, 그 때부터 사도들의 가르침을 받았다' 라고 언급된 것에 주목할 필요가 있다.

> "그 말을 받는 사람들은 세례를 받으매 이 날에 제자의 수가 삼천이나 더하더라 저희가 사도의 가르침을 받아 서로 교제하며 떡을 떼며 기도하기를 전혀 힘쓰니라"(행2:41-42).

셋째, 수양회를 개최하라. 새신자가 새가족반이 진행되는 8주의 기간 안에 '챔피언 수양회' 에 참여하게 하라. 그리고 그 후 8주 안에 교회에서 정기적으로 진행되는 '새가족 수양회' 를 다녀오도록 해야 한다. 새신자가 처음으로 가게 되는 챔피언 수양회는 새신자가 죄로부터 자유함을 얻고 하나님의 임재와 성령충만을 경험하는 데 초점을 맞춘다. 새신자들은 이 수양회를 마친후 바로 자신과 친밀한 사람들로 구성된 VIP(전도 대상자들)를 집으로 초대하여 식사를 나누면서 교제의 시간을 갖도록 한다.

챔피언 수양회와 새가족 수양회의 차이점

	챔피언 수양회	새가족 수양회
내용	죄로부터 자유함, 하나님의 임재와 성령충만을 경험하게 함	교회의 사명과 비전, 가치들을 체험하고 공유하게 함 주제권, 몸된 지체, 제자도 체험
목적	전도자, 새가족반 리더 양성	교회의 사명을 이루는 리더 양성
인도자	새가족반 리더와 사역자 팀	기존 리더십 팀 (소개와 환영 인도)
다음 과정	VIP 대상자를 집에 초대하여 간증하고 전도함	자신의 후원자 양육 시작, 셀그룹으로 배치되어 셀생활 시작
교회에 돌아가 바로 할 일	죄사함, 그리스도의 임재 경험을 간증	새가족 언약 발표 및 간증, 세례식
후속 조치	전도소그룹에 들어가 전도를 시작	셀그룹에 배치되어 셀 생활 시작

이때 반드시 수양회 기간 동안 받은 은혜를 그들에게 간증하도록 한다. 그들은 이런 경험을 통해 하나님을 믿은 지 얼마 안되었지만 바로 전도할 수 있는 능력을 가지게 되는 것이다.

한편 새가족 수양회는 교회의 계획에 따라 1년에 1~4번 정도 행하는 것으로서, 그 주된 내용은 교회의 사명과 비전, 가치들을 체험하고 공유하는 것이다. 때문에 이 수양회는 교회의 목회자와 같은 꿈, 같은 비전, 같은 가치를 가진 리더들이 인도하는 것이 중요한데, 이것은 그들이 섬김과 본을 보임으로서 새신자들에게 자신을 복제시키기 위해서이다. 이 수양회의 목적은 교회의 사명을 이룰 강력한 리더를 만들어 내는 것이다.

소그룹 리더는 전도가 결코 시스템으로 이루어지는 것이 아님을 새신자에게 알게 해야 한다. 전도가 되지 않는 것은 사실 시스템의 문제라기 보다는 전도하는 사람의 마음의 문제이다. 따라서 전도를 가르칠 때는 새신자들이 영혼을 향한 긍휼의 마음을 경험하도록 하는 것에 초점을 두어야 한다. 잃어버린 영혼에 대한 부담감 없이는 새가족반의 번식이 이루어 질 수 없다. 그 부담감이 없어서 고민인가? 그렇다면 그 영혼을 위해 간절히 중보기도를 해보라. 긍휼의 마음은 중보기도를 통해서 얻을 수 있다. 불신 영혼을 위해 간절히 기도할 때 하나님은 우리의 마음속에 그들을 불쌍히 여길 수 있는 마음을 주시는 것이다.

새신자를 왕 같은 제사장으로 세우기

성경에는 예수 그리스도를 믿는 사람들을 왕 같은 제사장이라고 이야기한다(벧후2:9). 우리는 모두 왕같은 제사장으로서의 역할을 수행해야 한다. 왕 같은 제사장이란 다음과 같은 사람을 말한다.

1. 왕은 예수님과 함께 다스린다는 것을 의미한다. 이 말은 다스릴 사람이 있어야 함을 이야기하는 것이다. 다스릴 사람이라는 것은 영향력을 행사할 사람을 의미한다. 불신자를 가리키는 것이다. 왕의 또 다른 역할 중 하나는 불신자들을 사탄으로부터 구원해 내기 위하여 때론 그들을 대신하여 영적 싸움을 싸워야 한다는 것이다. 이것은 모세가 블레셋과의 전투에서 손을 들고 기도한 것과 같은 원리이다.

2. 제사장은 예수님과 함께 사역한다는 것을 의미한다. 제사장이 하는 사역은 하나님께 영혼을 인도하는 것이다. 이를 위한 제사장의 중요한 역할 중 하나가 바로 중보기도이다. 예수님이 지금 이순간도 하늘에서 중보기도 하시는 것처럼

불신자들을 하나님께 인도하기 위해서 중보하는 사명이 제
사장과 같은 성도들에게 있는 것이다.

모든 성도들이 왕 같은 제사장으로서의 역할

왕이 하는 일	제사장이 하는 일
예수님과 함께 다스린다. 불신자를 포함하여 많은 사람들에게 영향력을 행사한다. 불신자들을 위해 중보하고 그들을 구원하고자 영적전쟁을 치른다.	예수님과 함께 사역한다. 많은 사람들을 하나님께 인도한다. 그들을 위해 중보기도한다.

정리해 보면, 예수를 이제 막 믿은 새신자들이라 할지라도 그
들은 불신자에게 영향력을 행사할 왕이 되어야 하며, 불신자들을
하나님께 인도할 제사장이 되어야 한다. 실제로 새신자가 왕 같은
제사장이 되기를 원한다면 다음의 사항을 새신자들이 실천하도
록 지시하라.

　1. 새신자에게 큰 종이에 자신의 VIP 명단 200명의 사람을 적
　　게 한다. 동료, 친구, 친척 등 자신이 알고 있는 모든 불신자
　　를 적도록 한다. 눈에 잘 보이는 곳에 두어서 볼 때마다 기

도하도록 한다.

2. 그리고 이들 중 누구를 하나님께서 구원하시길 원하시는지 기도하게 한다. 그러면 하나님께서 그 중 두 세 사람을 향한 마음을 주실 것이다.

3. 새가족반에 내어놓고 기도할 VIP 6~7명 정도를 선택한다. 그리고 이제는 그 영혼을 위해 집중적으로 기도한다.

새신자로 하여금 처음에 적은 200명의 불신자들에게 영향력을 행사하도록 한다. 즉 그들과 관계를 맺어 나가는 것인데, 이것이 곧 '왕' 의 직분을 수행하는 일이다. 그 다음으로는 기도하면서 고른 2~3명을 하나님께 인도하기 위해 간절히 기도하고 실제로 그들에게 복음을 전하라. 이것은 새신자들이 '제사장' 의 직분으로 수행하는 것이다.

상호책임 그룹 만들기

교회에 있어서, 교회를 성장시키고 하나님의 사명을 이루기 위해 주일 오전 예배와 새가족반의 운영은 가장 중요한 핵심이 될

것이다. 그런데 그와 더불어 교회에서 이루어져야 할 중요한 핵심
이 하나 더 있다. 그것은 목회자와 소그룹 리더 간, 또는 서로 다른
소그룹을 이끄는 소그룹 리더 간의 강력한 상호 책임 관계를 유지
하는 일이다. 그 모임을 'BCC'(Basic Christian Community)라 하
는데, 모든 리더들은 이 모임을 가지는 것이 좋다.

　새가족반을 마치면 그 새가족반은 강력한 전도 소그룹이나
셀그룹으로 내용과 목적이 바뀌어 진행되어야 한다. BCC는 그러
한 소그룹 리더들을 대상으로 하는 리더들의 모임으로, 두 명 혹은
세 명이 한 그룹이 되어 서로 격려하고 상호 책임지는 강력한 작은
모임이다. BCC 멤버들은 개인적으로 매일 성경을 4장씩 읽고, 주
한 번 정도 만나서 서로 죄를 고백하며, 불신자를 위해 기도하고
전도하는 일을 실행하고 있는지 점검해야 한다. 목회자는 이 작은
상호 책임 관계들이 소그룹과 교회를 더욱 생명력 있게 하는데 윤
활유 역할을 할 것이다. 소그룹 리더들이 이렇게 스스로 모여, 영
적으로 건강한지, 하나님과의 교제는 어떤지, 죄에 얽매여 있지
않은지, 육적, 사회적으로 건강한 생활을 하는지, 영혼 구원을 위
해 시간을 내고 있는지 등을 상호 점검해 주고 책임지도록 권장해
주어야 한다.

부록 2
전도 소그룹을 시작하기

'전도하면 무슨 생각이 드는가?' 라는 질문 앞에 사람들은 어떤 반응을 보일까? 아마도 '부담감, 죄책감, 안된다, 어렵다, 전도왕이나 하는 것이지, 나같이 수줍음을 많이 타는 사람은 하고 싶어도 어렵다' 등 전도를 생활화하지 못한 수많은 이유들을 쏟아낼 것이다. 즉 많은 사람들이 전도에 대하여 사명과 부담감을 갖고 있지만, 무슨 전도 방법을 통해 어떤 방식으로 해야 할 지에 대해서는 구체적인 방법을 찾지 못하고 있는 것 같다.

그렇다. 신자들은 성경적인 확신을 품고 부담 없이 마음껏 활용하여 전도와 번식을 경험할 수 있는 검증된 전도를 경험하지 못하고 있다. 어떤 특정한 은사를 가지고 있는 신자만이 전도를 하는 것으로 많은 사람들은 생각하고 있다. 교회에서 일년에 한번 정도 시행하는 행사나 프로그램 정도로만 이해되는 경우도 적지 않다. 실제로 대부분의 기독교인들은 전도를 특수한 사역이나 일회적 성격의 연중행사 정도로만 이해하고 있는 정도이지, 모든 사람들이 함께 동참하여 사명을 가지고 감당해 나가야 하는 교회의 핵심적인 사역으로 인식하고 있지 않다. 이처럼 전도가 시스템을 통해서 생활화 되지 못한 채 형식적인 프로그램으로 남아 교회의 구색이나 맞추고 있는 현실이 무척 가슴 아프다. 이것이 바로 한국교회의 핵심적인 문제인 것이다.

'빌리 그래함 복음주의 협의회'에서 시행한 한 통계 조사에 의하면, 총동원을 위해 준비된 대규모 일회성의 전도 집회나, 특별히 은사가 있는 어떤 사람이 몇 천명을 대상으로 한 집회보다, 모든 성도가 생활 속에서 관계를 통해 전도했을 때의 전도율이 훨씬 더 높다는 결과가 나왔다. 또한 교회성장학자 피터 왜그너가 시행한 통계 조사에 의하면, 대형 전도집회 이후 예수님을 영접한 사람이 교회에 등록하여 일년 뒤에 교회에 남는 숫자는 전체 회심자의 평균 0.6%뿐이었다. 그러나 지역 교회가 전도했을 때는 평균 16%가 계속적으로 교회에 출석한 것으로 조사되었다. 이것을 보아도 전도는 프로그램보다는 생활로 하는 것이 더 효과적이라 사실을 쉽게 확인할 수 있다. 그럼에도 불구하고 여전히 대부분의 교회들은 지금까지의 전도에 대한 객관적인 평가 없이 전도에 대한 막연한 환상과 통념에 사로잡혀 효과 없는 기존의 방법만 거듭하여 반복하고 있다.

지금은 영적으로 더욱 생산적인 일에 집중해야 할 때이다. 세계는 지금 기하급수적으로 인구가 폭발하여 60억을 넘어서고 있다. 이 중에 20억이 기독교 신자이고, 40억은 이슬람교, 불교, 힌두교, 유교, 및 무교를 포함한 불신자들이다. 또한 일년에 5,050만 명의 사람들이 죽는다고 한다. 이 중 1,940만 명은 기독교인이고, 3,110만 명은 불신자라고 한다. 놀라운 사실은 이 중 1,250만 명은 복음에 대해서 전혀 들어보지도 못한 채 죽는 사람이라는 사실이다. 이 엄청난 인구 폭발과 수많은 죽음 앞에 지금 교회는 전도에 대한 분명한 대안을 가지고 있는가? 하나님을 전혀 만나보지 못한 채 날마다 죽어 가는 영혼을 찾기 위한 적절한 대안이 있는가? 교회는 아직도 일회성 전도 집회와 프로그램을 진행시키기 위해서 수많은 시간과 재정과 열정을 쏟고 있지만, 그러한 노력만큼 실제로 건강한 전도와 번식을 경험하고 있는 것 같지는 않다.

실제로 NCD 전도 소그룹에서 1만 교회를 대상으로 진행한 통계 조사에 의하면, 대부분의 교회들이 어떻게 전도를 해야 할

지 모르고 있는 것으로 나타났다. 특별히 교단, 사이즈, 문화 등에 영향을 받지 않고 모든 교회에 똑같이 적용하여 동일하게 열매를 맺을 수 있는 객관적으로 검증된 전도의 원리를 교회는 구체적으로 모르고 있다. 또한 이것을 이루는 적절한 시스템과 전략도 경험하지 못하고 있다. 지금 이 엄청난 인구 폭발과 수많은 죽음 앞에 교회는 전도와 번식에 대한 구체적인 대안을 가지고 있는가? 전도와 번식을 경험하게 하는 영적으로 건강한 시스템과 전략을 가지고 있는가?

전도 패러다임의 대전환

이제 더 이상 이전의 전도 패러다임으로는 이 시대의 사람들을 향한 전도와 번식을 기대하기가 어려워졌다. 앞에서도 언급했듯이 '전도!' 하면 밝고 건강한 느낌보다는, 황량한 광야에서 목이 터져라 복음을 외쳐야만 할 것 같은 부담스러운 마음이 더 크게 느껴지는 것은 왜일까? 그것은 이전의 전도 패러다임이 다음과 같은 4가지 잘못된 신화에 묶여 있기 때문이다.

전도에 대한 4가지 잘못된 신화를 살펴보자. 전도에 대한 첫 번째 신화의 내용은, 전도는 '혼자서' 하는 것이라고 생각한다는 점이다. 혼자서 사람을 찾아가 누군가를 붙잡고 열변을 토하며 복음을 증거해야만 전도자가 해야 할 의무를 다한 것으로 생각한다. 실제로 그런가? 복음은 혼자서 전하는 것인가?

전도에 대한 두 번째 신화의 내용은, 사람들이 '한번에' 전도가 된다고 생각하고 있다는 점이다. 불신자에게 전도지를 읽어 주거나, 그를 전도집회 등에 참여시키면, 뭔가 하나님의 초자연적인 능력이 개입되어 단번에 회심이 일어날 것이라는 막연한 기대를 갖고 있다. 실제로 우리 주변에는 관계를 통해 일어나는 나다나엘의 변화가 더 많건만, 다메섹에서의 바울의 변화와 같이 특별한 일회적 사건에 의한 전도에만 눈을 고정시키는 경향이 강하다. 모두가 전도를 한번에 끝내야 한다는 너무 큰 부담감을 갖고 있다. '만약 한번에 하나님께서 역사하시지 않으면 어쩌지……'

전도에 대한 세 번째 신화의 내용은, 전도를 나와 '관계없는' 사람에게 해야 하는 것으로 여긴다는 점이다. 아파트에서 모르는 사람 집 문을 두드린다. 혹은 피켓을 들고 거리로 나선다. 얼굴도 모르는 사람들 앞에서 안면 몰수하고 목이 터져라 복음을 외쳐야만 전도의 사명을 감당하는 것으로 생각하는 것 같다. 물론 이런 선지자적 전도를 전적으로 부정하는 것은 아니다. 그러나 너무 많은 사람들이 전도를 그렇게 해야 하는 것으로만 생각하여 엄두를 내지 못한채 무거운 부담만 안고 살아간다.

마지막으로 전도에 대한 네 번째 신화의 내용은, 전도를 '설득하는 것'으로 여기는 오해이다. 전도를 위해서는 우선적으로 성경공부를 많이 해야 하고, 특별한 전도 훈련을 받아야 하며, 불신자를 만났을 때 나타나는 수많은 상황들을 처리할 수 있는 전도 기술을 습득해야만 전도할 자격을 부여받는 것으로 여긴다. 즉, 많이 알고 능력을 갖추어야 만 전도를 잘 하는 것으로 생각한다. 그러나 전도는 많이 아는 것으로 가르치고 설득해서 되는 것이 아니다. 아마도 전도를 해본 사람이라면 모두가 공감할 것이다.

기독교인들에게 전도는 늘 강조되어 온 주제이지만, 이상의 4가지 신화에 묶여서 생활 속에서 실시해 볼 엄두를 못 내는 것이 되어버렸다. 전도에 대한 이전의 패러다임은 '전도는 개인이, 한 번에, 관계없는 사람에게, 설득해야 하는 것이다.'라고 말해왔다.

기존의 패러다임이 이렇게 강조해 온 이유는 신약 속에 나타나는 몇 가지의 강렬한 회심의 이미지들 때문일 것이다. 수 천명 앞에서 시행한 베드로의 대중설교를 통한 회심이나, 갑자기 빛을 보고 돌아선 바울의 회심사건 등을 보며, 우리는 전도에 어떤 특별한 사람들이 하는 것이란 인식을 가지고 있는 것같다. 사실 사도행전이 보여주는 대부분의 전도는 관계를 통한 전도임에도 불구하고 전도를 너무 특별하고 부담스럽게만 보는 경향이 있다.

그래서, NCD 연구팀이 이러한 오해들을 해결하기 위하여 전도와 번식이 일어나는 건강한 소그룹에 대한 조사를 하게 되었다. 실제로 소그룹이 건강하게 역동하고 있는 1,400개의 교회를 조사 연구하였다. 통계 조사를 통해서 전도는 '개인이 아닌 그룹이, 한 번이 아닌 여러 번에 걸쳐서, 관계없는 사람이 아닌 관계 있는 사람에게, 설득이 아닌 사랑을 실천함으로써 이루어진다' 는 결론을 얻게 되었다. 왜냐하면 이 조사에서 전도된 사람들의 90%가 관계를 통해 전도되었다는 사실이 밝혀졌기 때문이다. 이들은 관계라는 다리를 통해서, 여럿이 만남을 자주 가지며, 사랑으로 좋은 우정을 쌓아가는 과정을 통해 전도를 경험하게 되었다. 전도의 90%는 그룹으로, 여러 번, 관계 있는 사람과의 만남을 통해, 사랑을 실천함으로써 이루어졌다는 사실을 기억해야 할 것이다. 성경도 관계 전도가 전도의 보편적인 패턴임을 증거하고 있으며, 본 통계 조사도 이를 입증하고 있다. 이처럼 객관적으로 입증된 성경적 원리에 기초한 전도의 패러다임을 받아들이는 교회는 놀라운 전도와 번식을 경험하게 될 것이다. 이 놀라운 사실을 여러분과 나누고자 한다.

과정 밟기, 제자 삼기, 관계 세우기

전도는 '함께, 여러 번, 관계 있는 사람에게, 사랑을 실천함으로써' 경험하게 되는 특별한 축복이다. 믿는 자들만이 누리는 특별한 축복인 것이다. 이처럼 새로운 전도의 패러다임에 충실한 소그룹에서는 뭔가 특별한 관심사가 있을 것이다. 활발한 전도와 번식을 경험하는 건강한 소그룹은 과연 어디에 관심을 더 많이 둘까? 전도와 번식을 경험하는 소그룹은 역동성을 위해 무엇에 특별히 주위를 기울이고 있을까?

전도 소그룹의 조사에 의하면, 전도와 번식을 경험하는 건강한 소그룹에는 3가지의 주된 관심이 있는 것으로 나타났다. 첫째로 전도를 행사보다는 과정으로 이해하고 있다는 점이다. 전도는 일회적으로 치루고 마는 것이 아니다. 농사를 짓는 농부의 마음으로 그 과정을 밟아 가는 것이다. 전도와 번식을 경험하는 소그룹은 전도를 삶의 일부로 자연스럽게 받아들이고 있었다. 기억하라. 전도는 프로그램이 아니라 프로세스이다. 과정인 것이다.

둘째로는 전도에 있어서 회심에만 관심을 갖고 있지 않고 제자훈련에 더 큰 비중을 갖고 있다는 점이다. 교회는 대부분 회심에만 지나친 관심을 갖고 있으며, 회심 직후 이들을 자연스럽게 사역으로 이끌어 세우지 못하고 있다. 결과적으로 회심 때에 초신자에게 나타나는 순수와 열정을 그대로 식혀버린다. 그러나 전도와 번식을 경험하는 소그룹은 회심 즉시 제자훈련을 통한 번식에 큰 관심을 가지고 있다. 하나님은 회심 즉시 그들이 전도에 동참하길 원하신다. 사도행전 2~3장을 보라. 회심을 경험한 이들이 즉시 또 다른 전도를 하고 있지 않는가?

셋째로는 전도를 지식 전달에 의존하기보다는 관계를 세우는 데 중점을 두고 있다는 점이다. 전도는 내 안에 있는 예수님을 보여주는 것이다. 관계를 통해서 예수님을 보여주는 것이다. 설명이 아니다. 설득도 아니다. 많은 사람들이 전도에 대해 부담스러워 하는 이유가 여기에 있다. 능숙하게 설명하고 설득할 자신이 없기 때문이다. 앞에서도 언급했지만 전도는 결코 설명이 아니다. 단지 전도는 관계를 세워 가는 것이다. 나와 가까이 있는 사람에게 사랑을 실천함으로써 관계를 세워 가는 것이다. 또한 나의 변화를 보고 그들로 하여금 관심을 갖게 함으로써 이루어지는 것이다. 이처럼 관계를 세워서 영향력이 전달되어 가는 과정을 통하여 전도는 이루어지는 것이다. 우리는 빛 가운데 있고, 그들은 어둠 가운데 있다. 그들은 빛을 고대하고 있다. 우리와 맺는 관계의 다리를 통하여 그들은 빛을 발견할 수 있을 것이다.

4가지 사이클

계속적으로 전도와 번식을 경험하고 있는 건강한 소그룹들은 자신의 소그룹에 특별한 관심을 기울이고 있었음을 기억해야 할 것이다. 이 소그룹의 관심사는 과정, 제자 삼기, 관계 세우기이다. 뿐만 아니라 통계 조사로부터 전도와 번식을 경험하는 건강한 소그룹에는 이를 경험하게 하는 4가지 공통된 순환 주기가 있음이 밝혀졌다. 기도하기, 관계 세우기, 함께 추수하기, 번식하기가 그것이다. 즉 불신자가 예수를 믿고, 바로 소그룹 리더로 준비되어 또 다른 불신자를 위해 기도하고, 관계 맺고, 초대할 때에만 계속적으로 이 시스템에 의한 번식을 경험하게 된다. 여기서 전도된 새신자를 양육하느라 너무 많은 시간을 보내지 않는 것이 중요하다. 기도, 관계, 추수, 번식이라는 시스템에 즉시 새신자를 영입시켜서 또 다른 불신자를 주께로 이끌 수 있는 사역으로 신속하게 이끌어 주어야 한다. 이처럼 역동적인 전도와 번식을 일으키는 네 가지 사이클을 자세히 살펴보자. 이 사이클은 건강한 소그룹의 공통적인 순환주기였으며, 저자가 대안으로 강조하고 있는 NCD 전도소그룹의 순환주기이기도 하다.

첫째로 '기도하기' 이다. 소그룹의 전도와 번식을 위해서는 날마다 불신자들을 위해서 기도해야 한다. 기도 카드를 만들어 여기에 불신자들 세 명을 기입하여 기도하라. 필요하다면 금식을 하면서까지 영혼을 위해 기도로 불을 지피는 구령의 열정을 구하라. 소그룹 안에 기도짝을 만들어서, 일주일에 한번씩 만나, 이 가운데서 서로 격려하고, 세워 주며, 상호 책임을 갖고 도우라. 무엇보

186 건강한 교회를 만드는 새가족반

다도 전도와 번식은 하나님의 일이기에 처음부터 하나님께 전폭적으로 맡기고 나가야 할 것이다. 전도와 번식을 강력하게 경험한 소그룹의 첫 번째 사역은 멋진 계획을 세우고 체계적인 훈련을 받는 것이 아니라, 바로 기도로 모든 것을 하나님께 맡기는 일이었음을 기억해야 할 것이다.

두 번째로는 '관계 세우기'이다. 세상에서 중요한 것은 무엇인가? 사람이 중요하다. 돈도 중요하다. 그러나 관계를 세워가는데 있어서 만큼은 무엇보다도 '시간'이 중요하다. 기꺼이 나의 시간을 불신자를 위해 함께 사용할 마음의 헌신이 있어야 한다. 건강한 소그룹에서는 관계를 세우는데 있어서 필요 중심적인 태도를 갖고 있었다. 먼저 그들의 실제적인 필요가 무엇인지 살피고 자신을 통해서 그의 필요가 공급되길 기도하고 있었다. 예수님도 베드로를 부르시기 전에 많은 고기를 잡도록 해주심으로 그의 필요를 채우셨다. 하나님께서는 우리를 왕 같은 제사장으로 부르셨다. 이미 우리는 영향력을 미칠 수 있는 충분한 조건이 있음을 확신해야 한다. 이것이 믿음이다. 걱정할 필요가 없다. 하나님께서는 우리로 하여금 그들의 필요를 발견할 수 있도록 우리의 눈을 열어 주실 것이다. 그리고 그들의 필요를 채우도록 우리를 사용하

실 것이다. 그들과 관계를 맺기 위해 일주일에 최소한 한 시간은
할애할 것을 제안한다. '아이러브스쿨'을 통해 동창회도 나가고,
'티지아이(T.G.I)'에서 식사도 같이 하고, '인생은 아름다워' 같
은 영화도 같이 보며 그들과 함께 시간을 갖도록 하라. 소중한 우
정의 관계를 형성하도록 노력하라. 중요한 것은 계속해서 그들의
감정계좌에 그리스도의 사랑을 채워가라는 것이다. 참되고 진실
하게 사귀며 그들이 내 안에 계신 그리스도를 발견할 수 있도록
사랑을 실천하라. 그리고 만남을 위해 적극적이 되라. 먼저 약속
을 청하고 그들의 필요에 따라서 우리의 모든 시간과 재정을 지
원하라.

　　세 번째로는 '함께 추수하기'이다. 불신자와 지속적으로 관
계를 맺게 되면, 이제 추수해야 하는 시기가 온다. 그런데 전도와
번식이 역동적인 소그룹에서는 추수를 혼자만 하지 않았다. 개인
적으로 만나기도 했고, 기도 짝과 함께 불신자를 만나기도 했다.
함께 만나고, 내가 못하는 것은 짝이 해 주고, 그리고 그룹이 도와
주고, 더 크게는 교회가 도와주는 것을 보게 된다. 이와 같이 건강
한 소그룹에는 함께 거두는 시스템이 있었다. 사탄의 세력이 지배
하는 영역에서 전도를 하면 사탄은 분명히 공격하려고 한다. 우리

가 뒤로 물러나더라도 다시 공격하려고 할 것이다. 하지만 믿음으로 용기있게 나가는 이들에게 늘 하나님은 함께 하셔서 승리를 우리의 것으로 만들어 주신다. 전도의 그물을 던지는 그 순간부터 영적 전쟁이 시작되므로 오이코스 전도 및 소그룹 전도를 잘 활용해야 한다. 성도들의 가족이나 친지, 친구, 이웃들을 개인적으로 또는 공개적으로 전도하고 계속 초대한다. 새신자가 들어오면 그 다음 날부터 새신자의 오이코스를 확인하고, 새신자와 함께 전도할 수 있도록 돕고 훈련해야 한다.

네 번째로는 '번식하기'이다. 새신자로 하여금 불신자를 위해 기도하고, 관계를 맺고, 초대하도록 돕는다. 복음을 전하는 일이 중요하므로 점차 자신의 신앙을 나누는 방법도 알려준다. 전도하는 습관이 초기에 새신자의 몸에 재빨리 익혀지지 않으면 그들에게서 향후 전도의 열매를 보기는 힘들어 진다. 열심히 일하는 것보다 지혜롭게 일하는 것이 더 중요한 것처럼, 하루에 전도를 위해서 10시간씩 기도하는 일보다는 짧은 시간이라도 불신자와 관계를 맺고 전도하는 일이 더 중요하다. 그렇지 않으면 새신자들은 전통 교회 시스템 속으로 가라앉아 버릴 것이다. 전도는 새신자들에게 달려 있다. 그들을 세상에 내보내면서 장기적인 제자 훈련을 계속해야 한다. 이를 위해서 곁에서 늘 그들을 후원해야 하고 격려해야 한다. 다음과 같은 과정을 따르면 도움이 될 것이다. 먼저 내가 모델을 보여 준다. 그리고 그들이 하는 것을 지켜본다. 그런 후 함께 한다. 마지막으로 그들이 하고 나는 또 다시 지켜본다. 그러면 최종적으로 그들이 스스로 해 나가는 것을 보게 될 것이다.

이처럼 전도가 되는 교회의 공통점은 불신자를 위해 기도하고, 가서 불신자와 관계 맺고, 공동체가 함께 추수하며, 또 다른 리더를 번식하는 과정을 밟아 갔다는 점이다. 즉 불신자가 예수를 믿고 바로 빠른 시간 내에 전도소그룹 리더가 되어서 또 다른 불신자를 위한 기도, 관계, 초대에 참여 할 때만 전도와 번식이 활발하게 일어났다는 점이다. 즉, 계속 이 시스템이 반복될 때만 회심, 정착, 훈련을 통해서 전도와 번식이 지속적으로 일어난다.

콜롬비아 보고타 교회 & 신시내티 교회

8년 만에 70개의 셀에서 24,000개의 셀로 번식한 콜롬비아 보고타의 MCI 교회를 알고 있을 것이다. 이 엄청난 전도와 번식의 기적이 어떻게 일어났는가? 이 엄청난 번식이 실은 아주 단순한 원리에 의해 진행되었다는 사실을 발견하게 되면, 오히려 의아한 느낌을 받을 지도 모르겠다. 이 교회는 기본적인 원리에 충실했다. 잠시 이 교회의 번식 과정을 살펴보자. 그들은 기도로 시작하는 소그룹이었다. 기존 멤버 12명 중 3명이 첫 한 달 동안은 불신자를 위해 집중 기도한다. 일주일에 한 번씩 1시간을 정하여 불신자를 위해 기도한다. 그리고는 3명이 함께 불신자들을 찾아 나간다. 이처럼 한 사람이 몇 명의 불신자 리스트를 놓고 기도하는 것으로 시작한다. 혼자가 아니고 함께 불신자를 위해 기도하는 것이다. 둘째 달에는 그룹이 불신자와의 관계를 세우기 위해 함께 나간다. 예를 들어, 동네의 과일가게 아주머니를 전도 목표로 삼게 되면, 월요일에는 순화 자매가 사과를 사오고, 화요일은 경진 자매가 사오고, 수요일은 승민 형제가 사오고, 목요일에는 요람 형제가 사온다. 이렇게 멤버들이 모두 목표 대상이 된 불신자와 관계를 형성하는 것이다. 옆 골목에 있는 미용실의 미용사를 전도하려고 할 때도 마찬가지이다. 머리도 깎고, 계속해서 친구도 소개 시켜주는 식으로 접근하면서 그들의 필요를 채워주는 것이다. 이렇게 그룹이 함께 계속적으로 목표 대상이 된 불신자와 의도적으로 관계를 맺어 간다. 기도하고 관계를 맺은 다음, 세 번째 달에는 이제 관계를 맺었던 사

람들을 가정에 초대한다. 그동안 불신자의 감정 계좌에 많이 예금
해 왔기 때문에 불신자가 초대를 거절하지 않게 된다. 초청 당일
초대 받은 불신자가 문을 열고 들어 선다. 그런데 왠일인가? 모여
있는 사람들은 이미 다 아는 사람이 아닌가? 그렇다. 이젠 그에게
이 자리가 하나도 어색하지 않은 것이다. 오히려 너무 반가운 것이
다. 이렇게 좋은 경험을 한 그들은 다른 사람들을 이곳에 다시 초
대하게 된다. 관계가 있는 사람을 초대 할 때, 이처럼 아름다운 일
들이 나타나게 된다. 이 얼마나 멋진 일인가!

미국에서 전도에 가장 영향을 주고 있는 『자연적 전도』
(Conspiracy of Kindness)의 저자이자, 『101전도법』(101 Ways To
Reach Your Community)의 저자인 스티브 쇼그린(Steve Sjogren)
이 담임하고 있는 신시내티 교회 이야기이다. 이 교회가 그 지역
의 가장 큰 교회로 급성장하게 된 이유는 관계 전도를 실천하였기
때문이다. 나는 MCI 교회는 4번, 신시내티 교회는 5번 방문한 적
이 있고, 특별히 쇼그린과는 매우 절친한 관계이다. 언젠가 쇼그
린이 나에게 이런 말을 한 적이 있다. "큰 사랑을 작은 것부터 실
천하기 시작할 때, 놀라운 역사를 경험하게 됩니다." 그렇다. 이건
그의 체험으로부터 나온 말이기에 더욱 의미 있다. 신시내티 교회

는 실제로 이런 사랑의 행위를 소그룹으로 실천했다. 때로는 그 추운 야구장에 커피통을 들고 무료커피를 나눠주는가 하면, 그 동네 가까운 관공서에 가서 더러운 화장실을 직접 청소해 주고, 월말에는 동네 우체국에서 우표를 사기 위해 시간을 보내고 있는 이들에게 미리 사 놓은 우표를 무료로 나눠주기도 했다. 인간적인 가치 기준으로 볼 때 상상할 수도 없는 사랑의 행위들을 실천해 나갈때 전도가 되는 것을 보며, 쇼그린은 많은 놀라움과 확신을 갖게 되었다고 내게 말하였다.

이제 혼자가 아니라 함께 그룹으로, 한번이 아니라 여러 번, 관계없는 사람이 아니라 관계를 형성해서, 설득하는 것이 아니라 사랑을 실천함으로써 전도를 해 가야 할 것이다. 이제 전도의 패러다임이 변해야 한다. 이전의 부담스럽고 자연스럽지 못한 전도의 패러다임에 전환이 일어나야 할 때이다. 성도들은 전도가 될 때까지 계속해서 사랑을 실천함으로써 우리 안에 계신 그리스도를 드러내 보여야 할 것이다. 우리 안에 그리스도의 향기를 사랑의 실천을 통해서 보여야 할 것이다. 그리고 이러한 전도의 순환 주기가 객관적인 검증을 거쳐서 시스템화될 때, 교회의 번식은 계속될 것이다.

부록 3
전도소그룹이 번식될 수 있는 일반적인 원리

미국 남침례회 선교부는 세계에서 가장 많은 선교사를 파송하고 있는데, 21세기 세계선교 정책을 '전도소그룹' 으로 세우고 선교가 나아가야 할 방향을 새롭게 제시하였다. 이것은 교회를 소그룹 중심의 교회로 전환하는데 어려움을 겪고 있는 많은 목회자들에게 실제적인 도움을 줄 수 있는 중요한 가이드 라인으로 높이 평가받고 있다. 다음 10가지 '전도소그룹 번식 원리' 는 남침례회 선교부가 실행하고 있는 CPM(Church Planting Movement), NCD 전도소그룹, G-12 운동, 셀교회 운동의 공통적으로 적용하고 있는 핵심 내용이다.

1. 교회의 리더십들은 성도들이 소그룹에 헌신할 수 있도록 제도적인 시스템을 마련해야 한다. 그것이 어려울 때에는 소수

의 사람들이라도 모여 소그룹을 구성하여 번식하게 한다.

2. 소그룹 리더들을 위한 훈련을 계획하라. 기초 교육을 마친 후에 소그룹을 이끄는 방법에 대한 기본적인 훈련들을 하라. 소그룹 리더들은 한 달에 적어도 한 번 이상 모여 깊은 교제를 나누고 좀 더 상호적인 관계를 위한 훈련을 받아야 한다.

3. 소그룹이 성장하려면 모든 소그룹 멤버들이 '관계 전도'를 훈련받아야 한다. 만약 그들 주변의 친척이나 친구들 중에 더 이상 불신자들이 없다면, 이웃이나 직장 동료, 학교 친구들과 좋은 관계를 맺는 방법을 터득하게 하라.

이 세 가지의 원리들을 실천하고자 마음먹었거나 이미 실천하고 있다면, 이제 여러분의 교회는 '소그룹 중심의 교회'로 전환할 준비를 하게 된 것이다.

4. 이제 앞으로 여러분은 모든 교회 행사들을 소그룹 안에서 할 수 있도록 해야 한다. 예를 들어 기도 모임이나 청년부

활동, 찬양 모임 등과 같은 교회의 활동도 소그룹 차원에서 하도록 배려하라.

5. 소그룹 리더들이 소그룹 안에서 애찬식을 진행할 수 있게 하라. 또한 소그룹 리더가 멤버들을 돌보고 양육하는 과정을 통해 소그룹 리더들이 소그룹 내에서 목자로 설 수 있게 하라.

6. 주일예배 시간의 설교를 준비할 때에는 소그룹들이 그 설교를 가지고 주중 모임에서 토론할 수 있도록 토론의 주제까지 포함하여 준비하라. 여러분 교회의 소그룹들이 교회 내의 작은 교회로서의 역할을 충분히 감당해 내고, 재정적으로 자립할 수 있게 되며, 자체적인 선교 프로그램을 가지고 번식할 수 있게 하라.

7. 소그룹 리더들은 소그룹 내에서 자체적으로 헌금 등을 하게 하여 소그룹별로 선교나 불신자들을 위해 사용할 수 있게 하라.

8. 매월 또는 분기별로 기간을 정하여 점차 주일 저녁예배나 수요예배 등을 없애고 그 시간을 소그룹 모임으로 대체할 수도 있다.

9. 교회 건물을 지역사회를 위한 여러 가지 사역들을 할 수 있는 장소로 제공하라. 이런 교회 건물이 없다고 해도 걱정할 필요는 없다. 많은 사람들이 함께 모여야 한다면, 목적에 맞는 장소를 빌리거나 무료로 사용할 수 있는 장소를 찾아볼 수도 있을 것이다. 만약 여유가 있다면 소그룹 모임만을 위한 장소를 찾아볼 수도 있다.

10. 여러분의 교회가 단지 교회를 다니는 사람들만을 위한 교회(commuter church)가 아니라, 이웃을 향한 열린 사역을 하는 교회(community church)가 되게 하라. 주변의 이웃에게 하나님의 사랑을 증거하는 사역을 하라. 할 수만 있다면 같은 지역에 있는 교회의 목회자들과 함께 협력하여 지역 사회를 위한 교회의 사역이 극대화 될 수 있게 하라.

은사 발견에서 배치까지 모든 것이 해결되었습니다.

사역의 3가지 색깔 시리즈

전문가가 아니더라도 누구나 교회에서 은사 개발 및 배치 사역을 바로 실행할 수 있습니다.

 이 책은 교회를 건강하게 성장시키는 8가지 질적 특성중 한가지인 '은사 중심적 사역'에 관한 책으로서, 그 부교재들과 함께 사용하여 교회에서 은사를 발견하여 상담, 배치하기까지 총체적으로 사용할 수 있도록 구성되어 있다. 교회에서 전문적이고 장시간을 요하는 특별 훈련을 거치지 않고도 누구나가 은사 개발 및 배치 사역을 바로 실행할 수 있도록 해 준다는 것이다. 『사역의 3가지 색깔』은 전 세계를 통하여 은사 중심의 사역 부분에 가장 탁월한 도구란 평가를 받고 있다.

사역의 3가지 색깔	크리스티안 A. 슈바르츠 지음 ǀ 임원주 옮김 ǀ 전면 컬러 ǀ 값 9,800원
실행팀 사용 가이드	크리스토퍼 샤크 & 존할리 지음 ǀ 현상수 옮김 ǀ 값 4,000원
소그룹 가이드	크리스티안A. 슈바르크 & 브리기테 베리츠 슈바르츠 지음 ǀ 추교석 옮김 ǀ 값 3,500원
멘토 가이드	크리스토퍼 샤크 지음 ǀ 현상수 옮김 ǀ 값 2,500원

소그룹 리더 훈련의 결정판!

소그룹 리더 지침서

**어떠한 소그룹이라도 리더가 양육되어야 건강하게 성장하고 번식됩니다.
목회자가 리더를 양육하고 훈련할 수 있는 가장 탁월한 도구가 여기 있습니다.**

소그룹 리더 지침서

소그룹 리더 클리닉   소그룹 클리닉   소그룹 리더 인터뷰

이 교재는 『소그룹 리더 클리닉』 『소그룹 클리닉』 『소그룹 리더 인터뷰』 교재들을 사용하여 소그룹 리더들을 훈련시키는 방법을 자세하게 안내해 줌으로써 자신의 리더들을 훈련하고자 하는 목회자가 특별한 훈련 없이도 용이하게 리더를 양육하고 번식하여 그들로 하여금 살아 역동하는 소그룹을 인도할 수 있도록 도와줄 것이다.

소그룹 리더 지침서	스코트 보렌 & 돈틸만 지음 l 황의무 옮김 l 값 14,500원
소그룹 리더 클리닉	짐 에글리 지음 l 여진구 옮김 l 값 2,50000원
소그룹 클리닉	스코트 보렌 & 돈 틸만 지음 l 현상수 옮김 l 값 5,000원
소그룹 리더 인터뷰	국제터치본부 지음 l 현상수 옮김 l 값 1,000원

신앙생활의 진정한 기쁨과
열매를 갈망 하십니까 ?

made in 예수

진정한 기독교인의 삶에 아쉬움이 있습니까?
이제 예수님의 뒤를 좇는 허다한 '여행자' 무리에서 벗
어나 '참된 제자' 로 거듭나십시오.

티모시 윌리암스 지음 ┃ 박경신 옮김 ┃ 값 7,600원

… 그래서 사람들은 또 오고 싶어 한다…

조엘 코머스키 지음 ┃ 편집부 편역 ┃ 값 6,500원

사람들이 몰려오는
소그룹
인도법

이 책은 어떻게 하면 사람들이 소그룹에 몰
려올 수 있는지에 대한 분명하고 확실한 대안들
을 쉽게 설명해 주고 있다. 우리가 이 책의 원리
들을 그대로 믿고 실천할 때 소그룹에 성령의 열
매가 풍성하게 맺히는 것을 보게 될 것이다.